I 贝克德意志史
皇帝、改革者与政治家

Johannes Calvin
Christoph Strohm

约翰·加尔文

（德）克里斯托夫·施特罗姆 著　　唐炜　陈瑾　译

广西师范大学出版社
·桂林·

Yuehan Jiaerwen

Johannes Calvin by Christoph Strohm
Copyright © Verlag C.H.Beck oHG, München 2009

著作权合同登记号桂图登字：20-2017-208 号

图书在版编目（CIP）数据

贝克德意志史.Ⅰ：皇帝、改革者与政治家. 约翰·加尔文／（德）克里斯托夫·施特罗姆著；唐炜，陈瑾译. —桂林：广西师范大学出版社，2021.1
ISBN 978-7-5598-3132-3

Ⅰ.①贝… Ⅱ.①克… ②唐… ③陈… Ⅲ.德意志帝国－历史②加尔文(Calvin, John 1509-1564)－生平事迹 Ⅳ.①K516.42②B979.956.5

中国版本图书馆 CIP 数据核字（2020）第 155057 号

出　版：广西师范大学出版社
　　　　　广西桂林市五里店路 9 号　邮政编码：541004
网　址：http://www.bbtpress.com
出版人：黄轩庄
全国新华书店经销
深圳市精彩印联合印务有限公司印刷
（深圳市光明新区白花洞第一工业区精雅科技园　邮政编码：518108）
开本：787 mm×1 092 mm　1/32
印张：5.5　　　字数：62 千字
2021 年 1 月第 1 版　　2021 年 1 月第 1 次印刷
定价：198.00 元（全 7 册）

如发现印装质量问题，影响阅读，请与出版社发行部门联系调换。

目　录

导　言 / 1

第一章　"在主教座堂的阴影下":
　　　　童年及少年时期 / 13

第二章　巴黎的基础学习:
　　　　经院哲学及基督教正统 / 19

第三章　在奥尔良和布尔日的法学学习:
　　　　人文主义法学的觉醒 / 25

第四章　1532年的塞涅卡注释:
　　　　人文主义的魔力 / 33

第五章　"突然转变":
　　　　转向宗教改革 / 39

第六章　1536年教授基督教教义:
　　　　辩护和改革纲领 / 47

第七章　"那个法国人":
　　　　日内瓦的初始工作（1536—1538）/ 57

第八章 "加尔文成为加尔文":
　　　　斯特拉斯堡（1538—1541）/ 65

第九章 日内瓦 1541—1542：
　　　　教会纪律新规 / 83

第十章 关于教会纪律实践的争论
　　　　（1543—1555）/ 93

第十一章 教义的合一与纯正！
　　　　　为改革的成功而战 / 107

第十二章 激化 1553—1554：
　　　　　当局暴力用在信仰问题上？ / 117

第十三章 巩固、宗派化、迫害和完善
　　　　　（1555—1564）/ 125

第十四章 改革著作及其世界影响 / 141

结语：影响力巨大的原因 / 163

时间表 / 167

导　言

宗教改革家的形象和现实

　　早在 16 世纪下半叶，改革宗的反对者们就已提到"加尔文主义"，将其代表人物称为加尔文主义者。尤其是 20 世纪初马克斯·韦伯和恩斯特·特勒尔奇的研究，使得"加尔文主义"也在学术表达中站稳脚跟。我们可以将此看作加尔文在改革宗发展中的中心地位的标志。但十分值得商榷的是，"加尔文主义"这种提法对于改革宗内部众多的神学家及神学理论来说是否合适。这位日内瓦宗教改革家只是好些神学家中的一位，他们皆为坚定推进宗教改革这一目标而共同努力。他们各自为宗教改革在瑞士、西欧、神圣罗马帝国的各部分、东南欧以及新大陆（美洲）的传播作出自己独特的贡献。只不过加尔文很快被罗马的反对者当作最危险的异端，并通过自己的作为和一系列著作获得了最高声望。

　　与丰富的改革著作和崇高的声望形成奇特对比的是，

关于加尔文的个人生活情况，可获取的信息却非常匮乏。无论是家庭生活，还是早期思想影响，抑或他的身体和情感状况，都鲜为人知。原因首先在于，加尔文本人对个人生活状况吝于言辞。相较于来自维滕堡的宗教改革家马丁·路德对个人生活状况乃至各种病痛的直言不讳，加尔文在这方面特别沉默，甚至可以说反感。"我不喜欢谈论自己。但因为你们让我不要再保持沉默，所以只要我能做到不骄矜，我就愿意谈。"他有一次如此写道。虽然很快也有人讲述和记录已成名的加尔文的故事，但仍缺乏一份与路德的《桌边谈话录》相当的素材。只有在写给朋友或（论战）战友的零星信中，加尔文才敞开心扉，描述他在世上所受的苦难。这些只是短暂的光亮时刻，此外加尔文完全隐身于幕后。他甚至无需一块位置确定的墓地，以让敬仰者凭吊，而是未立墓碑地葬于日内瓦城外的普兰帕拉斯坟场。

直至1909年加尔文诞辰四百周年时，日内瓦才开始深入讨论是否也应为他建立一个纪念场所，就像1883年路德诞辰四百周年时人们用好几座宏伟的纪念碑来赞美他。值得注意的是，最后人们决定竖立一座纪念碑，不以加尔文其人为中心，而是以发源于加尔文和日内瓦的宗教改革的政治影响为主题。宗教改革纪念碑位于日内瓦大学旧的主大楼对面，居中的是加尔文和战友纪尧姆·法雷尔、约翰·诺克斯、泰奥多尔·贝扎，此外还有与加尔文主义相关的政治领袖雕像。它们中间有八组大型浮雕，描绘与加尔文主义形成及传播相关的早期现代自由史的单独场景，其中有1598年4月13日南特诏书的签署，1581年荷兰三级会议在海牙通过独立宣言。

约翰·加尔文肖像，来自霍尔拜因画派

尽管就个人生活情况而言加尔文十分低调，但作为一个置身瑞士、法国、苏格兰以及神圣罗马帝国宗教、政治冲突中心的人，他的生活无从遁形。对手们试图对其进行人身攻击。早先就有谣言传出，加尔文是私生子或因其同性恋倾向而引人侧目。那些曾短暂追随过宗教改革的信徒批评得尤为尖刻。例如医生、曾经的加尔默罗会白衣修士耶罗尼米斯·博尔瑟——那个曾在五十年代与加尔文在预定问题上陷入激烈争论的人，在1577年发表了一部典型的反圣人传记。加尔文被描绘成那种傲慢狂妄、虚荣、睚眦必报，甚至是愚蠢的人，世上几乎无人可与之相比。他父亲就是个绝对的亵渎神明之人，而他自己在年轻时就犯过鸡奸罪，只因主教的仁慈未被处决。认信年代的冲突给加尔文的早期生活打上很深的印记。1605年，另一个曾经的宗教改革追随者，法官弗洛里蒙·德·拉蒙在其《异端诞生的故事》——这样的标题很典型——一文中，将加尔文塑造为"法国的路德"和异端邪说的最危险的代表。星象阐释给拉蒙提供了决定性的佐证，加尔文就是一个灾星。他出生的那一天，即是"我们长时间持续灾难的开端"。

当然，加尔文的战友及追随者也试图为了他的声誉驳斥这些已经蔓延开来的攻击。就在加尔文去世三个月后的1564年8月19日，泰奥多尔·贝扎出版了加尔文系列传记中的第一本。书名"生与死的故事"就已表达了辩护的意旨，它不仅仅是一份生平记录，还描述了加尔文如何听从天命、虔信献身。在贝扎的基础上，另一位加尔文在日内瓦的亲密战友尼古拉·科拉顿于1565年补充了更多的生平细节。加尔文被尽力彰显为不懈为基督事业而战的斗士，但所有辩护还是保持在一定限度内，没有过分地将他奉为圣人。

对加尔文充满争议的评价一直持续到现代。即便今天各个宗派之间不再界限分明，但加尔文在20世纪依然遭受猛烈批判。理由首先是持续的宗教改革要求所带来的社会后果。在圣经律法的意义上塑造基督教社群的尝试，虽然在早期现代特别有吸引力，并符合认信的精神，但一定与现代概念（如个人信仰自由与良知自由）相冲突。因此，斯蒂芬·茨威格基于纳粹暴力统治时期的经历，在他1936年首次出版的小说《良知对抗暴力：卡斯泰利奥对抗加尔文》中，把加尔文刻画成压迫精神和良知的代表人物。而另一方面，加尔文和加尔文主义又被赋予了特别的塑造力量。加尔文式的感知和行为模式不仅推动了资本主义经济的各种形式，而且在很大程度上为理性化行为方式的形成作出贡献，而这正是西方文明独特的处世之道。在现代自然科学的起源、历史批判性的圣经研究、现代民主的萌生或反专制法律的建立等领域，都能发现加尔文学说的特别贡献。

圣徒式传记或污蔑性描述的倾向，也被加尔文的个性和人生中完全对立的特征和矛盾所助长。一方面，我们看到一个体弱多病之人，一生与不同疾病作斗争，另一方面，他终生展示出非同寻常的精神力量，直至生命最后的日子也能完成令人惊异的工作定额。即使因为剧烈的头痛和其他身体痛苦而缠绵病榻，他还是继续为宗教改革事业笔耕不辍。一方面，他努力隐身于著作之后，另一方面，他的不耐烦、躁动和愤怒一次又一次让自己现身。一方面，他觉得自己"害羞、温和和犹豫"，另一方面，他却完全不畏惧冲突，面对激烈对抗毫不妥协地一再申明自己的立场。一方面，我们在不可多得的形象描述和他的著作中见到一个极其严苛地要求自己和他人守纪的人，另一方面，当死神夺走他亲爱的妻子时，他也会令人感动地对挚友吐露内心的痛苦和绝望。

加尔文在努瓦永主教座堂的阴影下、教会主宰的封建世界中长大，他未来生活的地方却与之相反，既成为精神、政治或经济生活的中心，同时也是现代开端的激变之地。加尔文的学习生涯虽然始于巴黎一所严格的、神学上最保守的大学，但他的法学专业学习是在两所正发展成为新人文主义法学中心的大学完成的。加尔文是作为人文主义运动的热心追随者开启他的精神事业的，而且他的改革工作始终受到人文主义运动的影响，但也正是他在此后呼吁与天主教人文主义改革方向的同伴坚决划清界限。

加尔文的著作充满尖锐的嘲讽，意图与天主教徒划界，同时他能以大公的精神呼吁克服新教内部的敌意，比如1541年的《圣餐短论》一文。加尔文从一开始就将自己与任何形式的反叛相区分，总是特别认同权威和等级制生活条件自明的有效性，但同时他和极少数人一样，对现代初始法国深刻的革命性变化作出了贡献。终其一生加尔文都极力强调天上的世界是基督徒真正的家园，然而他明显作为流亡者承受着远离家园之苦。加尔文自二十五岁就因信仰遭受迫害，同时他全力推行和捍卫他的改革规划，使之免受任何偏离、自由化与异端的危险。因此，他也对异见分子的流亡乃至处决承担连带责任。

加尔文的传记不应消除人物的个性及其人生道路特有的张力，而应更多地挖掘并尝试解释。基于加尔文不乐意透露个人生活情况，也因为缺乏其家庭情况、童年及少年时期的信息来源，所以只有一条可行的道路：重构他作为学生及未来的改革家所受到的深刻影响，并将它们与16世纪教会和政治共同体所面临的特殊挑战相联系。唯有如此，加尔文改革影响的魅力才易于理解。加尔文是一位反映变革时代之矛盾的宗教改革家，也是一个特别清晰地展现了时代精神的伟人。

变革中的世界

加尔文推动宗教改革时正处于一个深刻变化的时代。在法国，从基本建立在人身纽带基础上的中世纪等级向早期现代的领土国家的转变正全面展开。法国国王弗朗索瓦一世（1515—1547年在位）将巴黎的权力进一步集中，并大大拓宽治下的王国边界。通过税务改革，他明显增加了王国收入。在他的统治下农民交税额度翻倍，盐税变为三倍。这些行动凸显了他对权力的要求。通过取消传统特权和推行官职贵族（"穿袍贵族"），他建立了一个可施行自己统治的官僚机构。1539年颁布的诏书规定，所有的法院判决和文书必须用法文撰写。早在1516年弗朗索瓦一世就已经与教皇签订条约，保障他在法国教会的诸多权利——特别是对主教的任命和更便捷地获取教会财产。

法国国王对现代化的追求导致了他与教会传统维护者的冲突。国家权力的上升表现为行政部门和税务体制的扩张，这意味着需要更多接受过民法训练的法学家。发展的担纲者不再是教士，而是法学家。知识舆论的领导权从教士转向法学家，这从私人图书馆的规模就可见一斑。索邦的神学家对此发展持批评态度，坚持巴黎法学家的培养依然应借助于教会法。对一处具有人文主义精神、用来学习三门古典语言的特别教育场所的赞助尤其遭到抵制。"王室教席"的设立来自法学家、人文主义者纪尧姆·比代的推动，此举即后来法兰西公学院的开端。索邦的神学家抗议如下"异端"观点，即认为掌握原文对解释圣经是必要的。法国国王虽然在这些争论中不怎么为人文主义者出头，同时却给予人文主义者各方面的支持。

人文主义运动在法国继续朝着大相迥异的方向发展。比代与鹿特丹的伊拉斯谟立场相近，后者以归依本源的"基督教哲学"为纲领来改革教会，而最终依然是罗马天主教忠诚的一员。明显以更为批判的改革家面目出现的是雅克·勒菲弗·德塔普尔，起初他倾向于重新发现未遭破坏的、摆脱中世纪经院哲学桎梏的亚里士多德，后来在意大利柏拉图复兴的影响下开始致力于新柏拉图神秘主义。他的后期著作主要是对圣经经文的哲思，包括《旧约·诗篇》的校订版、《圣经》的法语译本，还有对保罗书信的评注。他对神秘主义遗产的吸收，对圣经经文的宗教意义和保罗基督中心主义的强调，启发了教会中的许多人文主义改革家。

诗人弗朗索瓦·拉伯雷代表法国人文主义的一个完全不同的方向。这一方向的人文主义者尽管不能算是敌视基督教，但他们拥护通过人文精神造就自由社会的理想。相应地，拉伯雷在其文学作品中并未极力剔除古典遗产中的异教成分,相反,这些成分再三为人们所津津乐道,并通过辛辣的语言传播开来,即使它们与基督教教义相违背。

加尔文与这里提到的三位法国人文主义代表都有着特殊的关系。比代在人文主义与宗教改革分道扬镳的过程中,由令人钦佩的榜样转而成为敌人。1536年,勒菲弗·德塔普尔在即将离世前见到了加尔文本人,长者并不赞同这位年轻的人文主义者正在着手实施的与罗马教廷划清界限的做法。而拉伯雷在这位宗教改革家的眼里则是典型的没有信仰的人文主义者,无疑是要与之斗争的。1550年撰写《丑闻》一文时,加尔文想到的便是如拉伯雷之流的人文主义者,他们把嘲讽上帝、贬低福音看作有学识的表现。

在此之前,加尔文曾与这些人文主义者辩论,他们就如他一开始那样,追求在罗马教廷内部的改革。倾向人文主义思想的莫城主教纪尧姆·布里松内是改革者的领袖及赞助者,自1521年起已经在自己的主教区内尝试改革。他的合作者包括热拉尔·鲁塞尔,后者早在二十年代初就接触到改革派的思想。莫城有新教思想倾向的团体受到昂古莱姆的玛格丽特(自1527年起成为纳瓦拉女王)的支持,她是法国国王的姐姐,而国王也提供了一定的支持。在弗朗索瓦一世输掉了与皇帝查理五世的战争并被关押后,鲁塞尔与勒菲弗·德塔普尔因面临索邦神学家的控告而逃亡斯特拉斯堡。一年后鲁塞尔成为玛格丽特的宫廷布道师,直到五十年代还在法国南部担任主教。

法国的人文主义改革者圈子很早就开始接受路德的宗

教改革思想。1521年3月索邦曾提出谴责，但这无法阻止自1524年以来路德著作的翻译和传播——虽然有所延迟。路德的宗教改革在神圣罗马帝国的众多直辖市和地区迅速获得成功，因为它与高级官员和诸侯的利益相结合，还扩大了世俗当权者在教会的职权范围。相反，法国国王已经有效地掌控教会，地方和城市作为公共事务的主管机关广泛失效。

正如在帝国，宗教改革在法国获得的成功——超越了教会内部改革而促成了彻底改变——也源自中世纪后期教会的根本性结构问题。教会作为最大的地产占有者是封建秩序的一部分。它阻碍了早期现代领土国家的发展，因为这里统治民众的全部权力都集中在唯一的当权者手中。此外，中世纪后期救赎中介体系主要以天主教教职人员的突出地位为基础。因为他们是圣礼的施与者，而圣礼对于通往救赎是决定性的。随着受教育阶层升入社会领导地位以及自信的市民阶层的形成，往往缺乏教育却尽情享受世俗乐事的教士阶层在宗教上的拔高越来越有失体统。最终，圣礼的救赎中介作用，连带其神秘的物质主义倾向，基本上失去了可信性。这首先发生在那些有机会接受教育并希望阅读圣经的人身上。未真正地聆听和理解圣经便可以通往救赎，以及在谈论上帝时有可能将他与世俗肉身混淆的危险，势必招致越来越多的反感，尤其当宗教崇拜以圣人崇拜、向圣人乞灵，以及过度的圣物狂热的形式违背圣经精神，甚至明显地指向现世的人和物时。在法国的宗教改革中，无人能像加尔文这样言辞尖锐、毫无妥协、富有影响力地对这些错误进行彻底批判。1543年围绕该主题首次印刷的宣传小册子《论圣物》也就理所应当地成为他被翻印最多的文章（到1622年已印二十版）。

第一章

"在主教座堂的阴影下"：童年及少年时期

1509年7月10日，让·科万——译成拉丁语便是约翰·加尔文——出生在皮卡第的小镇努瓦永。该镇位于巴黎以北大约一百公里处，是韦尔芒杜瓦伯爵领地的主教府所在地和地区粮食交易中心。主教的存在和有着几百年积淀的教会生活成为这个小城的特征。自查理大帝时代起，努瓦永已发展成为法国北部的教会中心。加尔文的父亲热拉尔·科万为船夫和工匠家庭出身，从1481年起就在努瓦永生活并在1497年获得公民权。最初他只是普通的办公室职员，后来升职为主教管辖法院的律师和主教的秘书，最终成为教廷传令官和主教座堂教士咨议会的发起人。这一升迁归功于他孜孜不倦的努力、在法律和经济方面的特殊才能，以及尤其是夏尔·德昂热的提拔，后者从1501年起担任努瓦永的主教，1525年由其侄子让·德昂热接任。然而，在与这些教会的先生合作长达数十年之后，他们因一件遗产案的处理发生争论。争论导致加尔文的父亲被逐出教会。因此1531年去世之时，不得不费尽心力才使他以基督徒的方式安葬。关于这一争论的事实真相已无法还原。考虑到后来的报告带有宗派的敌意，经济的损失更可能是由职责过多、要求过重，而不是由引起指控的贪污导致。

幼小的加尔文在教会的影响中长大，犹如生活"在主教座堂的阴影下"（让·卡迪耶语）。他很快便从中世纪晚期畸形发展的教会生活中受益。1521年春，十二岁的他便获得此生第一个受俸神职，四分之一的收入源于他在努瓦永大教堂"圣母受胎"祭坛的工作。1527年，他又多了一份收入，即在离努瓦永约四十公里外的马特维尔圣马丁堂区获得神父助理一职。两年后他获得蓬莱韦克的受俸神父职位。所有收入都来得顺理成章，即使加尔文没有从事任何牧灵工作。就他这种情况而言，这些神职——委婉地说——是父亲为其谋求的一种教会奖学金。

如果说我们对加尔文的父亲只有零星的了解，那么对于母亲，加尔文几乎讳莫如深。让娜·勒弗朗作为康布雷一位曾经的旅店店主和成功商人的女儿，应该是一位美丽且受人追捧的女士。从为数不多的资料来看，这位母亲虔敬且严格地按照宗教传统来教育自己的子女。多年后，加尔文还能回忆起和母亲一起去努瓦永附近的奥尔康圣母修道院的情形。还是小孩子的他在那里亲吻了圣安妮的部分遗骨，它们被分散存放在一百多处地方。除了加尔文，让娜·科万还有三个儿子。大儿子夏尔成了神父，同样参加了宗教改革，由于1537年被逐出教会，死时没能按照教会的圣礼安葬。安托万后来追随改革者去了日内瓦，在那里不得不忍受他妻子令人厌恶的生活作风。第三个兄弟弗朗索瓦很小就夭折了。他们的母亲也在1515年过世。父亲不久再婚，他又多了两个同父异母的妹妹。其中一个叫玛丽，后来同样去了日内瓦，另一个妹妹连名字也不为人所知。

加尔文六岁失恃。即使从16世纪的生存条件来看，这样的经历对一个男孩来说显然也是刻骨铭心的。加尔文从来没有谈论或记录关于母亲的点点滴滴，这或许表明了他对丧母之痛的压抑。人们也可以把这件事看作他将来对自己特别严苛的原因之一。德尼·克鲁泽在他最新出版的加尔文传记《平行的生活》中提到，这种创伤性的幼年丧母可以说是阐释加尔文神学的关键。根据加尔文的观点，没有皈依的人的存在是由恐惧和不安的基本感受决定的。克鲁泽从中看出了他早年丧母所受的打击，以及他在父亲迅速再婚后经历的家庭地位的下降。即使在加尔文皈依且自认为因此得到解放后，他的神学仍深受这种被压抑的恐惧和不安的影响。鉴于缺乏相关的自述，以及没有任何那位连姓名也不为人知的继母的资料，这些解释只能是推测而已。

然而可以证实的是，同主教德昂热家族的儿子们一同上学读书，对加尔文产生了巨大影响。父亲利用他和主教及教士咨议会成员的亲近关系，为他的儿子创造了接受良好教育的机会。加尔文和主教的兄弟——蒙莫尔的地主路易·德昂热的儿子若阿基姆、伊夫以及克洛德都是大学同学。从1523年起，加尔文即使在巴黎求学期间也一直和他们保持联系。当加尔文把他的第一本书，也就是对塞涅卡

《论怜悯》的注释交付印刷时,他将它献给了克洛德。他把学业的第一项成就归功于他有着合理的原因:

> 不仅因为现在的我及我拥有的一切均受惠于你,更因为我从小在你的府上长大,和你一起读书。所以我想以此归还我在你高贵的家中所接受的学习和生活方式上的启蒙。

即使在二十五年后,加尔文依然会回忆那段与德昂热-蒙莫尔家族的紧密关系。所以完全可以理解的是,即使加尔文在教会治理上有民主化倾向,对传统教会体系产生了颠覆性影响,人们仍能在他的工作中看到可追溯到其早年生活环境的贵族气质和等级观念。

第二章

巴黎的基础学习:
经院哲学及基督教正统

1523年，十四岁的加尔文在努瓦永的卡佩特学院学完拉丁语课程后，被送往巴黎继续深造。由于从1521年起就获得受俸神职，再加上年轻的加尔文在思想上非同寻常的成熟，一位传记作家把他去巴黎的时间提前到1520/1521年。不过这样一来，就无法解释为何加尔文的父亲在1523年8月请求教会资助他的儿子在10月1日前离开努瓦永。加尔文最初住在父亲兄弟位于巴黎的家里，后者是圣日耳曼区奥塞尔教堂的一位打铁匠。对于给自己上第一堂课的老师，加尔文后来的评价非常负面。在拉马尔什学院，他很快成为当时举足轻重的教育学家和拉丁语学者马蒂兰·科尔迪耶的听众。在加尔文的改革之路上，科尔迪耶一直陪伴他到最后的时日，虽然中途有短暂的中断，他还参与组建了日内瓦、洛桑的学校和大学体系。大约三十年后的1550年2月，加尔文在《〈帖撒罗尼迦前书〉注释》的题词中写道：

　　父亲把我送往巴黎时，我还是个小孩，只学过拉丁文的基础知识。是命运的安排让您成为我一时的老师，教会我一种好的学习方式，让我大有进步……您的课程对我的帮助如此之大，让我觉得我后来所取得的进步全应归功于您。

加尔文深怀感激地回忆起自己在科尔迪耶的引导下迈出学业的第一步，从而得以侍奉神的教会。科尔迪耶——1536年被加尔文接到日内瓦当校长——虽然只教过他很短一段时间，但为他日后优秀的拉丁文写作奠定了重要基础。

出于不为人知的原因，1523年末或1524年初加尔文转学到声名狼藉的蒙太古学院。大约15世纪末，扬·史丹东克把"共同生活的兄弟"这一改革精神引入那里。然而在加尔文时期，它被看作正统的堡垒，敌视改革，象征着一种近乎残忍的贫瘠。史丹东克的后继者诺埃尔·贝迪耶在1520年代因大力推动索邦神学院同路德学说划清界限而闻名。加尔文学习期间，他不仅在神学系，还在蒙太古学院里维护这一尖锐的反改革精神。1514年至1528年这段时间，惩罚起学生毫不留情的皮埃尔·唐普成了教员。

鹿特丹的伊拉斯谟和拉伯雷曾在不同时期就读于蒙太古学院，他们不约而同地对那里的教育方式和教学内容进行了尖锐批评。这两位人文主义者的否定评价尤其应归因于经院哲学的严格控制，完全不给人文主义改革运动任何余地。意味深长的是，加尔文从来没有对那里的教育表示过不满。显然他作为一个有抱负的学生，没有受到那些一贯严厉的培养措施的折磨，反而从严格和高要求的教育中获益。在蒙太古学院，他应该是同他在三十年代初期开始实践的改革思想划清界限的。从他对早期生活的回顾中也可以明显看出，他曾是改革的顽固反对者。

这段时间也奠定了加尔文关于经院哲学以及特别是奥古斯丁和其他早期教父的知识。在他的辩证法老师中，贝扎提到一位大概名叫安东尼奥·科罗内尔的西班牙人。更重要的问题是，著名的唯名论神学家约翰·梅尔是否曾是加尔文的老师。梅尔在蒙太古学院断断续续授课到三十年代初，并且给加尔文后来的强大对手依纳爵·罗耀拉上过课。他以英国后期经院哲学家威廉·冯·奥卡姆为依据，对伦巴第人彼得的《四部语录》进行解释，同时又与改革派扬·胡斯和马丁·路德的教义有所区别。加尔文和梅尔的共同之处在于，他们像奥卡姆一样强调上帝和上帝意志的无限性，对预定论有明确设想，以及强调个体的信仰。这可以暗示加尔文曾受到梅尔的影响，但因为共同点不够特别，所以无法得出明确的结论。加尔文自己从未把梅尔称作老师。

两本最早的分别由贝扎和科拉顿撰写的传记中写道，加尔文早在大学期间就摆脱了对罗马教皇的迷信。一项事实论据是，加尔文在当时已经与他的表兄罗贝尔·奥利韦唐建立了联系，后者在1528年因其对福音新教的信仰不得不逃往斯特拉斯堡。但有人对此表示反对，因为直到1532年，在他的作品中仍找不到一处体现出其改革思想的内容。

第三章

在奥尔良和布尔日的法学学习：人文主义法学的觉醒

在蒙太古学院学习基础哲学的后期，即1528年前，加尔文改变了自己的职业规划。此前他按照父亲和教士咨议会的意愿学习神学，这显然也符合年轻的加尔文的偏好和才智。1529年4月，他取得文学硕士证书，但在1528年初或者1527年底，他就已转到奥尔良大学学习法律。他的父亲改变了想法，认为法律可以为他提供更有利可图的职业机会。三十年后加尔文回忆道：

> 从我童年起，父亲就为我选定了神学。但他后来知道法学能给他的儿子带来可观的收入后，就立刻改变了想法。这导致我从哲学转向法律……

或许造成父亲观点改变的原因是他和教士咨议会之间的冲突。不过，最初的一些传记将加尔文偏离学习神学的计划解释为受到奥利韦唐影响后摆脱罗马"迷信"的表现。

1529年夏天开始，在奥尔良以及偶尔在布尔日的学习生活让加尔文步入另一个世界。那里是为数不多的深入思考欧洲未来基础的地方。这两所大学的发展得感谢索邦神学家们对传统经院哲学权威的小心维护，即使在法律系也十分谨慎地保持教会法对教育的主导地位。与之相反，奥尔良大学和布尔日大学从一开始就被构想成以民法为重点的教育机构。特别是1463年建立的布尔日大学，在加尔文求学期间成了法国人文主义法学的中心。16世纪中叶，奥尔良大学和布尔日大学成为德意志学生在国外学习法学的主要场所——在此之前是意大利的博洛尼亚大学和帕多瓦大学。由于七十年代初期法国的教派战争升级，法国的法学发展很快又停滞不前了。

从1529年起，意大利人安德烈亚·阿尔恰托在布尔日大学短期授课。他是运动领导人，致力于依照人文主义的目标在权利研究领域取得突破。在奥尔良，纪尧姆·比代的遗产受到保护——他曾在那里学习法律，并在16世纪最初的二十年里对《民法大全》的渊源进行了开拓性的研究。追问起源和历史背景是研究罗马法文本的新途径。为了更好地理解法律文本，特别是收集了古典时期法学家著作的《学说汇纂》的含义，需要更广泛地参考古罗马文学，尤其是西塞罗的著作。

借助语文历史学的方法解释罗马法是人文主义法学家的一项工作重点。人文主义法学的第二个要求是把握罗马法的伦理维度。哲学被看作法律的源泉，法学自身则被视为道德哲学的一部分。对法律和道德问题、公正的本质和法律的本性的考察，构成了人文主义法学的典型特征。因此，在法学研究改革的提议中，伦理学占据了突出地位。

在道德哲学或伦理学的背景中来理解法学的努力，从根本上来说是出于教育学的原因。同样受到教育学影响的是人文主义法学的第三个要求，即突出罗马法的基本概念和思想。新的"高卢式"教学法的目标在于免除传统"意大利式"教学法中琐碎的区分和冗长的注释，以全面的概述取代对单个法律文本的详细解释。学生应当被引导去把握罗马法律的基本思想。中世纪的法律解释和教学严格遵循权威的法律渊源的结构，而现在的问题是一项法规适合放在体系中的哪个位置。法学课堂的分类不应再以渊源的统一为标准，而应基于事实背景或体系。

加尔文在法学学习上投入了大量精力。他被看作最优秀的学生之一，而且不久就被提供了一个在奥尔良攻读博士学位的机会，因为他已经上过不少课了。根据贝扎的说法，加尔文总是学习到午夜，并在第二天一大早又开始背记。他经常不吃饭，为的是更加集中精力学习。早期的传记作者将他后来的健康问题，甚至他的早亡，归因于这种不规律的生活方式引起的严重体弱。

在奥尔良的法学教授中，皮埃尔·德莱斯图瓦勒是一位出众的人物。从1512年起，直到1531年赴任巴黎的最高法院，这位受比代影响的民法教授一直在这里上课。德莱斯图瓦勒教授以温和的方式继续推动比代在奥尔良所创建的人文主义法学。这位反感一切极端分子的人在教会神学上也是保守的，是宗教改革的反对者。他在妻子死后成为修道士。尽管如此，加尔文还是对他这位老师赞誉有加，认为在"对法律问题的洞察力、灵敏性和博学程度上"，当代没有人能比得上他。

这一评价见于一本著作的引言，该著作是加尔文的大学同学尼古拉·迪舍曼在1531年为抵制一名阿尔恰托追随者对德莱斯图瓦勒教授的攻击而写的。加尔文在这场争论中用撰写引言并负责著作印刷的方式表明他的立场，捍卫他的老师。争论的内容本来完全不重要，因为只是讨论了债务法和继承法的一个非常具体的问题。然而这场争论引起了一定的轰动，原因在于它也关乎荣誉的争夺：将新的"高卢式"教学法引入法学这一人文主义成就应归于谁的名下，是自信的意大利人阿尔恰托，还是法国的法学教师比代以及他温和的接班人德莱斯图瓦勒？

加尔文的立场在后来产生了深远影响。德莱斯图瓦勒表明自己乃传统的经院哲学法学的捍卫者，这一点是加尔文神学的威权特质以及他基于文本的权威性来理解圣经的重要背景。然而，与这一立场相悖的是加尔文对伟大的法国人文主义者和法学家比代的取向。不久后的1532年，加尔文发表了对塞涅卡《论怜悯》的注释，其中不少于五次明显引用了比代的《〈学说汇纂〉注释》。此外有确凿的证据证明，加尔文和他的朋友弗朗索瓦·达尼埃尔、迪舍曼、弗朗索瓦·科南在奥尔良和布尔日学习法律期间就已成为人文主义的重要追随者，加尔文撰写引言时曾以他们的意见为依据。人文主义法学对罗马法的历史－批判理解，让加尔文对圣经经文的权威性问题也变得特别敏锐。

尽管有法律学习的压力，加尔文依然以极大的热情投入希腊语的学习。他的老师是从1527年开始在奥尔良、1530年后在布尔日工作的语文学家和法学家梅尔希奥·弗尔马。这位来自罗特韦尔的德意志人早已参加改革，并公开宣传他的信念。1546年，加尔文把他的《〈哥多林后书〉注释》(1548年出版) 献给老师。弗尔马的新教信念究竟对加尔文产生了多大影响，还不能下论断，因为他自己没有在任何地方对此明确说明。直到17世纪初，德拉尔蒙引起争议的传记才肯定了弗尔马对加尔文转向"新教异端"所起的决定性作用。

第四章

1532年的塞涅卡注释：
人文主义的魔力

1531年5月26日，在加尔文探望后不久，父亲就在努瓦永去世了。他现在可以不受约束地遵循自己原本的喜好，在学业上全身心地转向古代语言的学习。巴黎就是一个学习的好地方。在那里，受到人文主义者比代影响，国王弗朗索瓦一世设立"王室教席"，刚开始时只面向一些教授希腊语和希伯来语的优秀学者，这引起历史悠久、声誉在外的索邦神学院的愤怒。索邦的神学家们反对只有掌握了希腊语和希伯来语才能正确理解圣经的观点，于是加尔文第一次与主流教义产生明显分歧。至于1531年到1532年他什么时间待在巴黎，什么时候生活在奥尔良和布尔日，这些细节已无从考证。可以证实的是他在王室教席的一位名叫皮埃尔·达内斯的古希腊语义学者那里听课。好像在那几年他也开始自己授课，为了多一份圣俸之外的收入。

然而，他的主要工作是之前已提到的对塞涅卡著作《论怜悯》的注释。加尔文想以这部著作扬名人文主义学界，并把自己推荐给合适的职位。单是注释对象的选择，大概也可以说明这点。人文主义领袖伊拉斯谟刚完成了对塞涅卡著作的注解,而这位年轻的学者想展示他的补充和部分修正。注释并没有带来期望的轰动成功。相反,加尔文得努力写信为自己积累名气,并通过同事卖尽可能多的书。

塞涅卡在《论怜悯》中建议暴君尼禄将仁慈奉为统治者的美德,人们推测,加尔文有意对此进行注释,是为了呼吁弗朗索瓦一世阻止初见端倪的对新教徒的迫害。然而在前言或正文中,都找不到任何证据,或者任何其他同情新教徒的表达。也没有涉及圣经中上帝的启示。即使是那些因所涉及的主题而明显的内容,也没有出现。加尔文在注释中表明自己是斯多葛哲学复兴的代表,后者从16世纪中期开始影响西欧的精神生活,并在该世纪末并入一场声势浩大的新斯多葛主义运动中。至此,对人文主义者来说,最重要的哲学家不是经院哲学家那里的亚里士多德,而是柏拉图。对古典修辞学的高度评价,让更多的人接受塞涅卡,进而接受斯多葛学派。特别是在伦理学问题上,他们成了权威。如果说亚里士多德认为处于两个极端中间的中道是最高尚的美德,那么斯多葛学派的理想则是坚持理性和完全的淡然。西塞罗在《图斯库兰谈话集》中说道:想要克制激情就相当于从山崖跌下后还想停止下落。当加尔文在注释的引言中强调斯多葛学者塞涅卡在道德问题上的现实性时,他就已经清楚表明了自己的立场。加尔文认为在伦理学方面塞涅卡超越其他所有哲学家。

三十年代初，就在转向改革之前，加尔文满怀激情地追求着人文主义运动的目标。他作为改革宗神学家的形象也因此奠定了基础。

第五章

"突然转变"：
转向宗教改革

加尔文在奥尔良、布尔日和巴黎学习期间一直与改革的追随者保持联系。他的希腊语老师弗尔马就是其中之一。在奥尔良和布尔日，特别因为有大量来自德意志的法学学生，大学周围形成了早期的新教团体。它们反过来成为法国宗教改革的早期传播中心。直到发表对塞涅卡《论怜悯》的注释（前言的日期标注是1532年4月4日），都无法找到加尔文对新教的看法或者对改革的同情。1533/1534年冬天，因为新教徒遭到迫害，加尔文不得不逃出巴黎。他在二十五年后把这段时间发生的改变称为"突然变得顺从和敏感"。

这句话见于加尔文为1557年发表的《〈诗篇〉注释》写的生平回顾。他称自己曾依照父亲的意愿认真学习法律，神的隐秘意旨却最终指引他回到另一条路。

刚开始，我是如此执拗地迷信教皇的统治，要把我从这深渊里拉出来并不容易。但神让我突然变得顺从和敏感，改变了我在那个年龄的固执的心。一旦体会了新教真正的敬虔，我的心中就燃起投入的激情，想要不断进步。虽然我没有把其他研究搁置一旁，但的确投入更少了。在这一年结束之前，所有渴望纯正教义的人都涌向了我，要向我这个初学者求教。

加尔文后来的这个自证，可以从多个角度解释。首先是它的背景：为了维护自己的权威，加尔文在日内瓦长年与各种反对者斗争。就这一点而言，加尔文意在强调他领受属灵职分的合法性。此外，在对生平的回忆中，他开始把自己的天职同大卫王对以色列民族的（属灵）领导的使命相比较。提到他尽管是新手但很快成为受欢迎的布道者这一事实，同样意在强调他职位的合法性和领导宗教团体、宣讲布道的资格。相应地，神的意旨和作者身份也得到强调，是神带来了突然的转变。之所以"突然"，是因为加尔文想强调，这不是从任何人自身的可能性自然发展而来的。人们不可高估这一转变暗含的瞬时性。它在相关时期所找到的文章中得不到证实。加尔文并不打算认真审视自己何时及如何转向改革，这些都不在他的视野之内。

规定着加尔文行动的中心对比，指出了转变或者说转向改革的实质层面。一方面是迷信教皇的深渊，另一方面是向顺从和敏感的转变。对人文主义者加尔文来说，这意味着愿意且能够理解地接受上帝在圣经中的明示。仅仅这一点就可以带来对神的正确敬虔，也是对自身畸形迷信的一种替代。这一对比将成为他的整个神学作品的特点。迷信的深渊这一表达极其巧妙地体现了人类的迷失，只有通过神的教义和启发，人才能从中获得解脱。1539年在与红衣主教萨多莱托的争论中，加尔文也透露了他在这么长的时间里固执地抗拒这种解脱的原因。是因为对教会的敬畏，教会要求这种迷信。也是在这次争论中，加尔文洞察了自己内心的争斗并强调将自己从中解放出来的是纯正的教义。他还在别的地方谈到这段时间，说他在认识并体会到有益的教义后，才开始摆脱教皇的阴影。

这个决定性变化发生的时间，应该是1532年或1533年。因为加尔文曾说过，在1533/1534年冬天逃亡之前，人们已经开始向刚起步不久的他请教基督教教义问题。1533年8月，加尔文可能曾回到努瓦永参加教士咨议会举行的会议。在他主要待在巴黎的几个月中，雅克·勒菲弗·德塔普尔和热拉尔·鲁塞尔——国王的姐姐昂古莱姆的玛格丽特的宫廷布道师——身边的人文主义改革家，跟索邦经院哲学保守势力之间的冲突日益激烈。1533年3月到年底，弗朗索瓦一世并没有待在首都，巴黎宫廷事务由他的姐姐接管。在她的支持下，鲁塞尔在巴黎的布道非常成功，这让感觉受到挑战的索邦神学家们发起了更猛烈的抵抗。1533年10月，加尔文向他在奥尔良的朋友弗朗索瓦·达尼埃尔详细讲述了这一事件，并委托他把消息告诉其他朋友。他对学生在戏剧里讽刺玛格丽特和鲁塞尔的做法十分不满，而当索邦的神学家们意图审查玛格丽特的书

《有罪的灵魂之镜》时,他公开支持撤销审查。他把鲁塞尔称作"我们的热拉尔"。

加尔文的立场在1533年11月1日的事件中进一步明确,当时他的朋友尼古拉·科普在万圣节发表院长就职演说,结果掀起激烈反应。根据习俗,院长在学期开始时要就一个圣经文本进行布道。布道词的一部分出自加尔文之手,由此可以推断加尔文是其主要撰写人。当然,这篇布道可以从人文主义改革的意义上去阐释,不一定表明与罗马天主教会决裂。正如加尔文在回顾过去他"突然的转变"时所说的,其中再也感觉不到对迷信的固执了。这篇根据《马太福音》第五章第三节至第八节讲解八福的布道的第一部分明显受到伊拉斯谟"基督哲学"的影响。它超过一切艺术和科学,由神亲自向人们启示,为着他们的得救。它还与路德对律法和福音的区分有关。

律法提到了上帝的仁慈,但只存在于一定的前提下,即当它实现时。福音应许赦免罪责和白白的称义。我们被上帝接纳,不是因为我们遵守律法,而仅仅因为基督的应许。

布道词不依赖伊拉斯谟和路德的模板的地方在于,它明确地涉及当前的争论。八福中的最后两福将被赐给按照所描述的方式坚持福音的人,即使他们现在为了称义而受到迫害。

世界和恶魔把他们看作异端、引诱者、罪犯、受诅咒的人,但他们只是在努力给虔诚的灵魂灌输基督福音;他们认为这么做是顺从上帝的旨意。那些平静接受的人得到了真正的庇佑和幸福,他们为痛苦感谢神,以坚定和巨大的勇气继续接受逆境的挑战。"为之高兴吧,因为你们会在天堂得到更多奖赏。"

这段演说被理解为纷争中的明确表态,被索邦神学家严斥为异端。在法国南部逗留的国王下令采取行动对付作者。科普和加尔文不得不逃离巴黎:科普前往巴塞尔,加尔文则前往昂古莱姆,托庇于克莱的咏祷司铎、友人路易·杜·蒂耶。值得感谢的是,在这里他可以开展研究,因为有一个满目图书的藏书阁。

不能将加尔文后来讲的"突然的转变"错误理解为一个在精确时间发生的事件。最根本的改变发生在几个月之内,随着1533年底戏剧性的发展而暂时结束。加尔文之所以认为自己成了一名受欢迎的、能正确理解基督教教义的老师,应该和他的身份,即巴黎和奥尔良之间的中间人有关。他是1533年事件的中心人物,奥尔良的朋友试图通过他来了解最新的进展。"这一年结束之前"指的就是1533年。

第六章

1536年教授基督教教义：辩护和改革纲领

在1534/1535年少量留存的信件中可以读到这样一个人，他发现了远胜于大学者的声望的东西。他知道，在面对所有的未知和危险时，上帝会给予他引导：

主会看顾的，他的意旨是对一切最好的安排。我知道我们无法看到远处。当我期待一切安宁，我最不愿见到的就会出现在门前；当我不得不考虑一个令人不快的居所，一个巢穴却已为我悄悄准备好了——再一次出乎我的意料。这一切都是出于上帝之手，如果我们信靠他，他就会关心我们。

1534年5月加尔文前往努瓦永，声明放弃他的受俸神职，8月留在奥尔良。1534年他还能相对自由地行动，因为法国国王重新奉行相对宽松的政治政策。也有外交原因——弗朗索瓦一世想在同皇帝查理五世的争斗中把帝国内的新教王侯争取到自己这边。

然而，1534年10月17日至18日夜晚突发的一场后果严重的事件，破坏了这种相对宽松的氛围。流亡在纳沙泰尔的传教士安托万·马尔库让人印发宣传单，严厉指责弥撒献祭仪式是一种渎神行为。这些宣传单不仅张贴在巴黎市内与市郊的各个公共场合，甚至还出现在昂布瓦斯的王家居室里。这起所谓的"告示事件"引起轩然大波，愤怒的国王以及众多国家和教会代表将其看作对法国社会根基的攻击。结果它不仅演变成一场激烈的、明显针对新教徒的打击行动，而且导致了人文主义改革者及其拥护者同索邦神学家之间的疏远。

加尔文敬重的比代非常明确地在其《论古希腊文化走向基督教的过程》一文的题献中表示，他的追求与宗教改革的目标大为不同。在这篇献给法国国王的前言中，他指出宗教改革追随者的处境十分危险。比代强调，针对亵渎圣礼的"可怕罪行"，国王有必要采取赎罪措施。1535年1月21日，因下令举行弥补性的游行活动，国王获得了极高赞誉。

为了不遭逮捕并被处死，加尔文不得不离开法国前往巴塞尔。在约翰内斯·奥克拉姆帕德的引领下，巴塞尔加入了宗教改革运动，并在1529年4月1日颁布相关规章制度。这座拥有一所大学和大量印刷机的城市成为文化思潮的中心，加尔文得以更好地在那里继续他中断的研究。针对离婚诉讼案件以及告示事件之后的迫害，研究确立了明确的目标：维护那些在法国受到渎神和反叛指控的宗教改革追随者。另外必须明确的是，所有这些中世纪教会的畸形发展也遭到了人文主义者的批判，但他们只是想回到圣经的本源。鉴于宗教改革家布里松内、鲁塞尔、勒菲弗·德塔普尔与比代都希望达成妥协，为坚定宗教改革追随者内心的信念，向他们解释新教教义的必要要求和基本内容就显得尤为迫切。早在1535年8月，加尔文就为这样的阐述写好前言。不过要到1536年3月，这本书才交付印刷，此时距离比代发表的文章正好一年。加尔文把这本著作取名为《基督教要义》（下简称《要义》），标题已经非常明确地表明这远不只是一本简单的教义问答手册。

和比代一样，加尔文这部著作的前言也是呈给法国国王的。尽管1535年1月29日的诏书不仅要驱逐，还命令消灭异端，加尔文认为依然有希望争取国王的支持。关于法国境内宗教改革的追随者，即所谓的"路德宗"，有一些荒诞的偏见，例如认为他们反对教会、当权者和婚姻。人们要么是没有察觉，要么是满怀恶意地把路德宗和所谓的再洗礼派归为一类。1535年2月初，法国国王为了争取和信仰新教的德意志诸侯结盟、共同反对皇帝查理五世，对路德宗信徒在自己国家遭到的迫害加以辩解，声称他是在镇压煽动叛乱的再洗礼派。

再洗礼派认为路德和次温利的宗教改革目标是不完善的，他们追求一种更加激进的改革。基于对圣经字面意义的理解，他们不仅提出放弃婴儿洗礼，而且表明不会参与（即使是必要的）政府当局的暴力行动。1530年代初期，皮货商梅尔希奥·霍夫曼为再洗礼派信徒布道，宣称世界末日即将到来，要求他们和不信者解除婚约。虽然1533年霍夫曼在斯特拉斯堡被捕，但1534年初，有可能是受到他的教义鼓动，明斯特仍爆发了臭名昭著的再洗礼派叛乱。短时间内，上千人在那里重新受洗，并试图建立一个符合圣经要求的政权，实行《旧约》中的君主制、夫妻共同财产制和一夫多妻制。1535年6月25日，在经过十四个月的围城后，当地大主教在天主教和新教诸侯的帮助下占领了该城，很快终结了这起叛乱。

加尔文在《要义》的前言中清楚无误地反驳了再洗礼派叛乱的指控。他用古典法学的雄辩术为路德宗信徒辩护，发起反对罗马天主教的论战。改革追随者所拥护的教义受到的攻击被他总结为七点：第一，这一教义是全新的；第二，也是可疑的；第三，缺乏可证实其真实性的奇迹；第四，否定了早期教父；第五，违背教会的传统和习俗；第六，对中世纪教会进行了根本性批判，不可避免地导致教会陷入僵局；第七，会引起暴动和叛乱。加尔文论辩的重点在于第四点，即与早期教父缺乏一致。他在内容上扩展了路德宗教改革基本要求中与早期教会教义吻合的部分：摒弃圣像；两种形式的圣餐纪念，因而饼和酒由全体教徒领受；允许神职人员结婚；最重要的是，承认基督及其话语在教义与生命的所有问题中至高无上的权威。

二十六岁的加尔文虽然没有正规地修完神学课程，但他在著作的前言和正文中展示出了对神学传统的惊人认识——从早期教父、12世纪的教会法令集《格拉提安教令集》，一直到年轻的经院哲学家。1532年发表塞涅卡注释后，经过多年努力学习，他获得机会在巴塞尔同其他的宗教改革者建立联系。根据贝扎的讲述，他在塞巴斯蒂安·明斯特尔那里上希伯来语课。加尔文深受巴塞尔的古希腊文化学者西蒙·格里诺伊斯的影响，甚至把1539年撰写的《〈罗马书〉注释》献给了他，这是加尔文出版的第一本对圣经经文的注释。此外，加尔文在巴塞尔同纪尧姆·法雷尔和皮埃尔·维雷见了面，前者同样从法国逃到这里，后来与加尔文一起在日内瓦进行宗教改革；后者后来成为瑞士法语区及法国南部的宗教改革家。他还见了两位斯特拉斯堡的宗教改革家马丁·布塞尔、沃尔夫冈·卡皮托以及苏黎世人莱奥·尤德、海因里希·布林格（茨温利的接班人），这次碰面意义重大。

从1536年3月出版的《要义》的内容可以看出，加尔文悉心研究过德意志宗教改革的主要代表人物路德、梅兰希顿和布塞尔。特别是路德，他的著作影响了《要义》第一版的结构和内容；同路德的《小教义问答》一样，《要义》阐述了律法（《十诫》）、（以使徒信经为基础的）新约四福音书、主祷文，以及洗礼与圣餐这两项圣礼。在第五章中，加尔文进一步阐明，不能把中世纪教会中的另外五项圣礼（补赎礼、婚礼、坚振礼、临终涂油礼与圣职按立礼）看作圣礼，因为这五项圣礼不是基督设立的，大多缺乏基督的神迹。第六章详细地讲述了基督徒的自由，清楚区分了教会与世俗的权力。最后两章的内容也能体现路德的影响——这位来自维滕堡的宗教改革家在1520年发表了对宗教改革影响深远的重要著述《致德意志基督徒贵族书》《论教会的巴比伦之囚》和《论基督徒的自由》，其中也涉及了相同的主题。

《要义》第一版比1533年11月1日的演说更加明确地证实了加尔文是路德的学生。《要义》的结构以路德独特的基本神学判断为蓝本：律法最重要的任务在于表明人无法遵循上帝的旨意，进而使人作好准备接受福音，即上帝不求回报的、出于纯粹的仁慈之心的恩典。在这点上，加尔文在《要义》后来的版本中发展出了自己的独特观点。此外，尤为特别的一点是，加尔文虽然读过茨温利的著作，但在接受其思想时明显有所保留。他后来甚至特别强调，他及早地否定了茨温利和奥克拉姆帕德有关圣礼的学说，因为他们只看到圣礼中的象征。

1536年3月，《要义》由巴塞尔印刷商托马斯·普拉特和巴尔塔扎·拉苏斯印刷出版，并通过各种途径传到法国。这部著作出色地实现了它的目标，即清楚简洁地介绍在法国受到排斥的路德宗的教义。怀着相同目标的纪尧姆·法雷尔在1534年也打算把著作《摘要与简短声明》重新印刷。他大方地承认《要义》在阐明教义上的卓越，并放弃重新修订自己作品的计划。《要义》使加尔文一举成名。直到晚年他还在不断修订和补充内容。1559年他生前最后一次出版的拉丁文版本足有八十章。在他去世之后，《要义》续写着它的影响史。时至今日,这一被译成多种语言的著作依然是现存的关于宗教改革教义最重要的总述。

1535年,加尔文还为他的堂兄奥利韦唐翻译的、由瓦勒度派慷慨资助的《圣经》法文译本撰写了两篇前言。一篇写在整部圣经前,强调研读圣经是了解上帝的话的一条不受限制的通道,世界上任何世俗的当权者都不能阻止。第二篇写在《新约全书》前,强调新约与旧约在基督身上的统一。1536年春天,加尔文和他的朋友路易·杜·蒂耶一起来到费拉拉公爵领地。公爵夫人勒妮是法国国王路易十二世的女儿,也是弗朗索瓦一世的弟媳,她支持加尔文的宗教改革目标,并愿意帮助他赢取法国贵族的支持。在费拉拉的宫廷中,化名为夏尔·德佩维勒的加尔文认识了其他流亡的新教徒,例如诗人克莱芒·马罗,1542年他将会去日内瓦寻求庇护。在费拉拉逗留期间,加尔文写了两封信。它们实际上是短小的宗教论文,涉及那些引起宗教改革者分歧的问题。第一封写给了他的朋友尼古拉·迪舍曼,信中谈到人们是否应参加天主教举办的弥撒。加尔文虽然认为人们可以不加迟疑地参与部分罗马教会的仪式,但崇拜圣像、接受最后的涂油礼、购买赎罪券,特别是参加弥撒献祭仪式,让他不能忍受,因为如此 来就勾销了耶稣在十字架上的死。此外,他还提到对于那些以恐惧和焦虑为建议的人,不能期待什么好的结果。第二封信写给了热拉尔·鲁塞尔,一位他以前交往的"老"朋友。鲁塞尔那时被昂古莱姆的玛格丽特任命为奥洛龙的主教。和路德十分相似,加尔文在信中从对上帝的话负责的角度出发,发展了一套对神职的理解。因为在教皇教会中担任主教的鲁塞尔也负有造成信徒心灵困惑的连责,加尔文只能要求他放弃主教一职。

第七章

"那个法国人":
日内瓦的初始工作(1536—1538)

从费拉拉回来后，为了解决父亲的遗产问题，加尔文又去了一次法国。他再次在巴黎见到哥哥安托万和妹妹玛丽，并劝说他们跟他一起。随后他决定去斯特拉斯堡。法国国王和皇帝查理五世再次开战，为了避开军队的行军路线，他只能选择绕道日内瓦。7月初，他同法雷尔接触，听到他"可怕的诅咒"。1557年，加尔文在《〈诗篇〉注释》的献词中写道：

由于战争封锁了去往斯特拉斯堡的直行路线，我打算尽快经由日内瓦去往那里，只在城里停留一晚。由于在不久前碰到的那个了不起的人[指法雷尔]和皮埃尔·维雷的有效行动，教皇的统治受到打击，但这里的局势还一片混乱，城市四分五裂，派别林立。有一个人[指他的旧友路易·杜·蒂耶]自那以来便可耻地叛变，重回教皇阵营。他立马就出卖了我的身份，为此法雷尔竭尽全力要留住我，那时他对传播福音有着惊人的激情，身上简直散发着光热。

当他听说我只想一个人安静地学习,并发现他对我的请求没有起作用时,他冲动地请求神诋咒我,若我不打算在这样的困境帮助他,我就不得安宁。这让我非常震惊,只能放弃行程。见我不爱交际且性格腼腆,他并没有让我接任某一特定的职位。

早在1532年,法雷尔就开始在日内瓦传教,但立即遭逐。1528年,伯尔尼加入宗教改革,并努力使他传教的影响范围扩大到南部和西部。在伯尔尼的帮助下,加尔文于1533年重回日内瓦。1534年1月,针对早已逃离日内瓦的大主教皮埃尔·德拉博姆的反抗,他发起一场论辩。主教试图与萨伏伊公爵联合,用军事手段反攻日内瓦,结果却背道而驰。法雷尔在努力宣传宗教改革的过程中,获得了日内瓦公民更强有力的支持。1535年6月,又一场论辩开始。1535年8月8日,法雷尔在圣皮埃尔大教堂布道。在此之后,圣像被移除,因为这有悖于上帝的话。弥撒庆典也被下令取消。1536年5月21日,日内瓦公民在一次全体集会上宣誓表示赞同进行宗教改革。

尽管法雷尔取得的成功让人瞩目,但1536年夏天加尔文到达日内瓦时,宗教改革的成果还完全没有得到巩固。因为从根本上说,是政治形势在推动宗教改革。当时宗教改革得到了与伯尔尼一起反对萨伏伊公爵的联盟的支持。伯尔尼征服沃州后,要求当地进行宗教改革,就像在日内瓦一样。日内瓦的公民发起解放运动的初衷,只是为了摆脱主教的管辖，后者也是萨伏伊公爵的盟友。这座大约拥有超过一万居民的城市位于日内瓦湖流入罗讷河的入口，凭借这一有利位置成为贸易中心。随着经济的发展，公民的自我意识也逐步增强。商人成为支持日内瓦与伯尔尼结盟的最大团体。而神职人员，特别是主教，却在找机会接近萨伏伊公爵。然而，公民新的自我意识很快指向宗教改革者提出的要求。人们把口号"黑暗后的曙光"写在旗帜上，或者铸在硬币上。至于他们准备在多大程度上遵循圣经生活，而这具体又意味着什么，却不是那么明确。后来加尔文卧病在床时不无道理地描述他当初来日内瓦的情形：

> 当我第一次走进这教堂，里面几乎一无所有。人们祷告，这就是一切。人们寻找圣像并烧毁它们，但这不是改革。所有一切都处在混乱之中。

最初，加尔文的任务并不是传道或者领导宗教团体，而是在日内瓦文理中学开设讲座讲解希腊语本的保罗书信。他最初的工作是不起眼的。1536年9月5日，法雷尔向市议会解释加尔文开设这些讲座的必要性。加尔义五个月后才领到第一笔薪水。书记员不知道他的名字，只记下了"那个法国人"。他在一封伯尔尼市议会写于1537年8月13日的信中被称为"日内瓦圣经朗读教士"。而他把自己称作"日内瓦教会圣经讲师"。早在选择当牧师之前，他就承担起与这个职位相关的任务。比起同样冲动且雄辩的法雷尔,受过法学教育的加尔文更强烈地认识到赋予变革中的教会以秩序的必要性。大约在1536年末,加尔文和法雷尔一起撰写了名为《教会组织与信仰条例》的治会章程。此外,他们还出版了写给青年人的教义问答(《信仰指导与声明》)和一本精选集(《信纲》)。后者将成为对日内瓦所有公民都具有约束力的信仰声明,公民要在集会上对此宣誓确认。

治会章程开篇就强调一个有序运行的教会应把频繁举行庄严的圣餐仪式置于核心位置。没有人敢不怀圣洁和极度敬畏之心参加圣餐。因此维持教会良好秩序的必要做法是维护教会的纪律,并且顾及那些不愿意接受上帝圣言的人,为他们着想而把他们排除在圣餐之外。除了纪律,章程特别重视会众合唱以及给年轻人口授教义。

日内瓦宗教改革的发展进程清楚显示出,它在最初几年有多么不稳定。决策团体由四人组成的市政官团(每年选举一次)、二十五人的小议会以及两百人的大议会构成。小议会每周召开至少三次会议,大议会每月召开一次会议。此外还有每年召开两次的全体公民会议以及主要负责外交问题的六十人议会。和市政官一样,法官和司库每年重新选举。小议会的成员只能是世居者("公民"),而不是才获得公民权的人("自由民")。和其他那些在日内瓦生活而没有公民权的人("居民")不同,自由民能进入另外两个议会。

1536年11月10日，治会章程同教义问答被一并提交给小议会，并在1537年1月16日提交给大议会。除了部分内容以外，整体上予以通过。与章程的规定不一样的是，圣餐仪式应根据受苏黎世影响的伯尔尼习俗，一年中只举办四次。对教会纪律的设想遭到反驳。尤其是大多数人并不赞同强制全体公民皈依共同的信仰声明。起初，官员被派去挨家挨户征求户主的同意，却未能成功。之后，一千五百份《信纲》分发下来，公民被要求以区为单位，参加圣皮埃尔大教堂的集会。不仅参加集会的人数不尽人意，而且出现了公开的反对。迫于神职人员的压力，市政官团和小议会最终决定把那些不愿意宣誓的人逐出城市。1537年11月，公民集会抗议。1538年1月4日，两百人的大议会决定，任何人都不应当被排除在圣餐之外。

加尔文和其他牧师强制公民接受信纲的尝试以惨败告终。他们不仅没有取得广泛支持，反而遭到尖锐的反抗，而且还造成公民阶层可怕的极化。天主教明显在论辩中占有优势。1538年2月3日新当选的市政官，都是法雷尔和加尔文的反对者。反对者在小议会中也占大多数。他们不想把组织教会（包括制定教会纪律措施）的工作委托给牧师，而是想像伯尔尼和苏黎世一样，把它当作世俗当局的事务。相应地，圣餐的组织也由世俗当局来安排。一位叫埃利·科尔罗的牧师为此猛烈攻击当局，导致被禁止传教。他不遵守此禁令，而法雷尔和加尔文也宣称，不能在这种情况下举行复活节圣餐仪式，于是三位牧师一并被驱逐出境。

1538年4月23日早晨,他们离开日内瓦。科尔罗留在奥尔布,一个距离日内瓦北部八十公里的地方。法雷尔和加尔文则前往巴塞尔。1538年7月,法雷尔被召往纳沙泰尔。加尔文想在巴塞尔继续学业。他们在日内瓦的经历很快传了开来。布塞尔和卡皮托努力让加尔文来斯特拉斯堡。布塞尔不仅写信,而且借助共同的朋友来说服,但加尔文都不为所动。直到布塞尔提到《旧约》先知约拿逃避去尼尼微讲道的神旨却仍被上帝发现行踪的这个例子,并以此责备加尔文时,加尔文才动身。他在人数迅速增长的法国难民教会担任牧师,同时在新建的斯特拉斯堡学院开课,讲授圣经经文。1538年9月8日,他第一次站在法国难民面前布道。

第八章

"加尔文成为加尔文":
斯特拉斯堡(1538—1541)

位于莱茵河畔的斯特拉斯堡是德意志神圣罗马帝国最大的城市之一，人口约为两万五千，在16世纪时可能已发展成为德意志西南地区最重要的经济与文化中心。早在1521年，马托伊斯·策尔就开始在此宣扬宗教改革。1523年，来到这里担任牧师的人除了卡斯帕·埃迪和著名学者沃尔夫冈·卡皮托以外，还有曾是多明我会修道士的马丁·布塞尔。布塞尔是继路德和梅兰希顿之后德语区最具影响力的宗教改革家，不久就成为斯特拉斯堡宗教改革无可争议的组织者。在他的引导下，斯特拉斯堡发展成为继维滕堡和苏黎世之后的第三个宗教改革中心。凭借在两个中心之间的调解作用，从这座城市发起并主要在南德意志帝国城市产生影响的宗教改革，获得了其独有的神学特色。布塞尔是1518年被路德在海德堡里程碑式的答辩争取到改革阵营的，但在斯特拉斯堡最初的岁月中，他以苏黎世的宗教改革为取向。他与茨温利因对伊拉斯谟人文主义思想的高度评价而走到了一起，但在生命最后的岁月中，他努力想调解茨温利与自己所尊敬的路德之间的矛盾。

特别是在有争议的圣餐教义上,路德多次反对茨温利,强调基督在圣礼中的真实临在。布塞尔试图寻求以共识为导向的解释,这样他就可以在谈论基督真实临在于圣餐礼时,淡化路德坚持把真实临在理解为人身临在的观点。布塞尔认为,面包与基督的身体、酒与基督的血通过圣礼得到统一,临在由此成立。这一对圣餐教义的开放表述可以被自由阐释,也有其必要性,它使新教内部就圣餐教义达成了到1536年为止最广泛的一致,即所谓的《维滕堡合约》。在这些协商性的表述中,也可以把临在理解为一种属灵临在。

布塞尔孜孜不倦地调解新教内部以及后来新教徒和天主教徒之间的争论,这种努力使得他的名声一直到20世纪都很暗淡。所有宗派,无论是路德宗还是改革宗都认为他在神学上的态度反复无常,并出于权谋的目的背叛神学。不只路德,茨温利的继任者、苏黎世的海因里希·布林格对他的评论也不中听。1546年路德去世时,布林格甚至希望路德带着布塞尔一起归天。在这样的背景之下,加尔文直到生命最后都对布塞尔保有非同寻常的尊重,就更加引人注目了。

在此期间,我听说了布塞尔的死讯,这让我非常难过。不管我愿不愿意,不久我们就会觉察到,这对上帝的教会意味着怎样的损失。他活着时,我常想起他那卓越的、无人能及的才能。现在失去了他,我才完全认识到,他本可以给予我们多少帮助。

布塞尔对加尔文的影响,尤其体现在他的圣经解释的核心内容中,正如斯特拉斯堡逗留期间加尔文在《〈罗马书〉注释》致西蒙·格里诺伊斯的献词中表明的:

正如你所了解的,这个人受过精深的教育,具备不同领域的丰富知识,心思敏锐、博览群书,还具有许多其他美德。就这几方面来说,目前少有人可比。的确,他远远超越大部分人,理应受到最高的赞誉。不记得这世上有人像他那样认真努力地解经。

除了路德,再也没有其他神学家像布塞尔这样启迪和影响过加尔文。就这点而言,雅克·库瓦西耶对加尔文与这位年长十八岁的同事兼朋友共处的岁月作出的评价不无道理:加尔文只有在斯特拉斯堡才成为加尔文。正是在这里,加尔文提出了独立于路德的见解,它们决定了改革宗的鲜明特征。主要受布塞尔的影响而作出的一些改变被他记录在1539年出版的《要义》第二版中。这个完成于斯特拉斯堡的版本体量明显扩展,从最初的六章增加到十七章。对此加尔文写道,"这本书现在才真正对应它的书名"。人文主义的遗产得到了更突出的阐释。在《要义》的开篇,加尔文即将比代关于认识上帝和认识自我之间具有不可分割的联系的讲话阐发为纲领性引言,它是以后所有版本的基础。1536年,引言还只是简单地写道:"整个神圣教义的总和几乎由两个部分构成——对上帝的认识和对自我的认识。"从1539年的版本开始,"教义"这一概念就被"智慧"取代。它现在更根本、更详细地解释道:"几乎我们所有的智慧——如果它确有所指并且真实可信——基本上包括两个方面——对上帝的认识和对自我的认识。"不认识上帝,就无法认识我们自己,不认识自己则无法认识上帝。随着"教义"这一概念被人文主义意义的"智慧"取代,生命和存在的维度作为真正神学的特征变得更加突出。

从其他方面也可以看出,斯特拉斯堡岁月对加尔文来说是一个收获颇丰的时期。根据布塞尔的意愿,他应当成为主要由宗教难民组成的法语社区的牧师。1538年9月,他开始宣讲教义,最初在圣尼古拉教堂,然后在圣玛达肋纳教堂,最后在前多明我会教堂的唱诗班。他除了对那些把一部分家产留在法国的成员予以教牧关怀,还组织礼拜仪式以及与教众的其他活动。由于城里有大量的再洗礼派信徒,他设计了一种洗礼的形式。和在日内瓦时一样,他试图宣传会众合唱,这可以追溯到斯特拉斯堡的指导方针。早在1539年,可供法国教众使用、为赞美诗谱上音乐的诗歌集《吟唱用诗篇与颂歌》就已经出版。它包括了十八组赞美诗、《西面颂》、以诗句形式创作的《十诫》及信纲。有的赞美诗由加尔文在费拉拉认识的克莱芒·马罗翻译并作曲,还有七首赞美诗由加尔文自己谱曲。

加尔文工作的重点之一是圣餐仪式的组织，与之紧密相关的是牧区生活的规范以及教会纪律的实施。宗教难民从一开始就十分愿意遵循圣经生活。所以加尔文没有料想到这里会爆发和日内瓦同样的冲突。但斯特拉斯堡的议会也不打算将道德纪律方面的职权交给牧师。根据1534年颁布并于1535年1月生效的治会章程，斯特拉斯堡教会的领导权掌握在一个由七人组成的委员会手中（两位市议员、三位堂区管理员和两位传道士）。他们主要负责教义问题，但要在议会决定后才能干预。负责敦风化俗的有二十一位堂区管理员。早在1531年就规定，为斯特拉斯堡的七个堂区分别任命三位"声誉好且明白事理"的人：一位来自议会，一位来自行会，一位来自堂区。堂区管理员只具备在教牧关怀方面进行劝告的职权。教会纪律没有提到被排除在圣餐外或其他的宗教惩罚。每两周一次的牧师会议和三位堂区管理员都不能独立于议会执行教会的道德管束措施。布塞尔在奥克拉姆帕德的影响下不再认可茨温利关于道德管束由世俗权力负责的观点。

由于大约五百人的法国难民社区不是被关注的焦点，加尔文能在相对不受干扰的情况下实施其想法。着手点是对圣餐执行的不满。按照斯特拉斯堡的习俗，圣餐每个月举办 次，刚开始的时候可以不受限制地参加。从1540年复活节开始，加尔文要求参加者要事先在他那里登记，并且参加一次教牧关怀谈话。有人指责这种要求重新引入了天主教的忏悔礼，对此他反驳称，这与教导、劝诫和安慰有关。他并没有看到与基督教自由的相悖之处，因为这并不与圣经中提到的弟兄之间的友爱以及劝诫相违背。也许加尔文没有意识到，他正在接近路德宗的忏悔实践。事实上，也许比起斯特拉斯堡的教会，他在法国难民教会中能更好地贯彻布塞尔对教会纪律的构想。

最初，加尔文的工作主要得益于布塞尔的安排，因为在头几个月，加尔文没有从议会拿到工资，只能靠他和卡皮托的支持。加尔文甚至不得不因为经济拮据出售自己的藏书。直到1539年1月开始在斯特拉斯堡新成立的学院讲课后，他才拿到五十二古尔登的年薪。市政官雅各布·施图尔姆试图给加尔文争取额外牧师补贴，却没能办到。

雅各布·施图尔姆也是斯特拉斯堡教育体系改革背后的推手。1538年，他成功地把人文主义者约翰内斯·施图尔姆请到斯特拉斯堡，根据他"明智且雄辩的虔诚"这一理想建立更高层次的学校。而约翰内斯·施图尔姆以卓越的管理方式使斯特拉斯堡学院成为宗教改革地区众多大学中的典范。加尔文的任务是讲授《新约》。在《约翰福音》之后，他还教授了《哥多林后书》、《腓立比书》与《罗马书》。加尔文的这项工作取得巨大成功，约翰内斯·施图尔姆对他赞誉有加。

通过授课，加尔文的经济状况明显改善。剩下的是作为未婚男人的难题——在加尔文的情况中，尤其是对女管家的不满！那些关于他应该马上找到的幸福的喋喋不休有多乏味，可想而知。关于婚姻，他说道：

我不属于那种疯狂的恋人,一旦被所爱之人的美貌吸引,连错误也赞美。唯一吸引我的美是她的美德:顺从、谦虚、节俭、有耐心,但我还希望她关心我的健康。

根据当时的习俗,朋友们帮他物色合适的人选,但都没有成功。1540年,一位来自列日,名叫让·斯多迪阿的信徒死于瘟疫。他过去是再洗礼派,在加尔文的影响下加入难民教会。第二年的8月,加尔文娶了他的遗孀依蒂丽·范布伦,并把她的两个孩子也接到家里抚养。而他们共同的孩子在出生后不久就夭折了。看起来,加尔文的婚姻生活幸福美满。1549年,妻子的去世使他深受打击。为了抒发内心对她的依恋,他没有再保持缄默:

妻子的过世对我打击太大,我尽可能让自己克服忧伤……你知道我内心的感伤,或者毋宁说是柔弱。如果我没有尽力克制悲痛的话,我就不会一直撑到现在。我最好的生活伴侣离开了我。如果我遭受不幸,她不仅愿意和我一起经历被驱逐和贫困的生活,甚至愿意和我一起死。

加尔文的斯特拉斯堡岁月收获颇丰,他参加了1540年和1541年举办的帝国宗教会议,这为他打开了新的世界。在那里,他第一次和主张人文主义改革思想的天主教会重要代表建立联系。然而最重要的是,他认识了一些最重要的德意志宗教改革者。早在1539年2月去美因河畔的法兰克福参加施马尔卡尔登联盟会议时，加尔文就认识了梅兰希顿，并在会谈间隙与其进行了深入交流。他对争取法国信徒的支持尤其关注。由于瘟疫爆发，第一次帝国宗教会议从施派尔转移到哈根瑙，在1540年6月和7月只针对会谈形式进行了磋商。会谈地点离斯特拉斯堡不远，于是加尔文也去参加了几天。

1540年10月28日到1541年1月18日，作为斯特拉斯堡代表团成员，加尔文与布塞尔、卡皮托、约翰内斯·施图尔姆一起，参加了在沃尔姆斯举行的宗教会议。布塞尔特别希望加尔文参加，因为他具备关于早期教父的渊博知识。首先讨论的是新教内部对圣经的理解。新教徒成功使讨论在《奥格斯堡信纲》的基础上进行。一个特别的问题是，一部分人难以接受信纲第十条里着重强调的圣餐教义，即基督血肉的真实临在。从1530年起，布塞尔就在争取新教内部的共识。1536年，在之前提到的《维滕堡合约》中，他和梅兰希顿最终实现了。

作为斯特拉斯堡的牧师，加尔文在原则上承认1530年的《奥格斯堡信纲》，因为从1531年起，斯特拉斯堡就是施马尔卡尔登联盟成员，而信纲则被看作联盟契约。1532年4月，斯特拉斯堡也明确认同了《奥古斯堡信纲》。然而，加尔文的圣餐教义与《奥格斯堡信纲》的并非处处吻合，因为他只关注基督属灵的临在。受茨温利影响的南德意志宗教改革地区则持明显保留的态度。1540年，为达成新教内部的团结，受施马尔卡尔登联盟委托，梅兰希顿撰写了

《奥格斯堡信纲》的修订版本,其中对基督在圣餐中的临在的表述更加开放,允许更多的解释空间。这个包含了加尔文修正后的新教圣餐教义的文本,随后在沃尔姆斯接受讨论,却没有任何结果。

直到1541年4月27日在雷根斯堡举办的第三次帝国宗教会议,才在称义和其他主题上达成至少部分的一致。加尔文与布塞尔一起作为斯特拉斯堡代表参加。沃尔姆斯会议结束后,梅兰希顿对加尔文赞誉有加,竭力说服斯特拉斯堡使节让他参与讨论。加尔文对这些讨论的成效并不抱多大希望,事实上,他们在教会、教职、圣餐以及弥撒献祭的理解上有着不可调和的矛盾。当新教徒坚决否定变体论对基督在圣餐中的临在的解释,天主教信徒同样不让步地坚持这条从1215年第四次拉特兰公会议后被信条化的旧教义,即在圣餐礼中,面包和酒的实质发生改变,外在的表现形式(偶性)不变。加尔文在辩论中认同新教立场清楚的表述。考虑到诸侯只能理解部分拉丁文,新教内部的讨论用德语进行。加尔文对法雷尔说,他只能跟上部分讨论:

> 我必须用拉丁语表达我的看法。尽管我不懂其他人所说的,但我可以毫无顾忌地畅所欲言,表达对[基督在圣饼中的]身体临在的反感,并补充说明,偶像崇拜对我来说是无法忍受的。相信我,在这样的谈判中需要顽强的意志,让其他人坚定想法。

尽管加尔文提前返回斯特拉斯堡,但他深受和解谈判的影响。正是由于自己经历过迫害,支持这样的和解尝试(但尽可能不否定真理),在他看来意义非凡。1541年5月11日,在从雷根斯堡写给法雷尔的信中,他谈到称义教义的妥协,认为它更多是新教与天主教教义的相加组合,路德称之为"打补丁的东西":

> 一套程式化表述被起草出来,让双方可以在稍作改进之后接受。我知道,你读到这些随信附寄的、最后编辑好的文字时,会吃惊于对方居然作了这么多妥协。因为我们掌握了真正教义中的关键,所以我们的教义涵盖了当中的所有内容。我知道,你期待一种更明确的声明,并把我当作志同道合的伙伴,但想一想我们在和哪些人打交道,你就会明白,我们已经取得了很大的成功。

斯特拉斯堡岁月无疑也是著述上硕果累累的时期。除了提到的新版《要义》和《〈罗马书〉注释》,加尔文还出版了好几部有影响力的著作。特别是他现在也用法语写作,这带来了更加深远的影响,因为之前只有学者能看懂拉丁文。加尔文准备在斯特拉斯堡把《要义》译成法文,这将对法国产生巨大影响。可以说,它得到的认可远远超出了新教圈子,还对法语的发展起着至关重要的作用。

1541年,法语版的《简论主的圣餐》出版,加尔文打算以此书消除牧区中存在的迷惑。二十年代路德和茨温利曾在这个问题上针锋相对，甚至天主教徒在1529年马堡宗教会议上的尖锐威胁都无法使双方达成一致，种种情况加尔文都看在眼里。参加1540年到1541年的帝国宗教会议时，加尔文清楚意识到，在圣餐问题上的分歧会对新教事业造成严重后果。他想说服苏黎世和巴塞尔的宗教改革家，不要威胁新教内部的统一。因为他们反对在斯特拉斯堡生效的《维滕堡合约》以及1540年在沃尔姆斯和雷根斯堡宗教会议上讨论修改的《奥格斯堡信纲》中关于圣餐教义的内容。同时加尔文也试图使他们明白，即使去斯特拉斯堡后，他也没有改变他的信念。

加尔文不想再绕回这场灾难性的圣餐争论，它已使许多人感到困惑，但他还是指出路德、茨温利和奥克拉姆帕德的过激是成问题的。路德反对变体论，在此基础上发展了自己对基督在圣餐中以身体临在的理解，但其中的类比"有一点生硬和粗暴"。他反驳变体论时，"不使用一些不恰当的表达方式"就无法清楚明白地表达自己。另一方面，茨温利和奥克拉姆帕德过度批评了在过去几个世纪屡见不鲜的"可憎的偶像崇拜"；他们

忘记解释我们该相信耶稣基督以哪种形式临在于圣餐中，以哪种方式同时分享他的肉与血，以至于计路德认为，这两人不愿意接受任何没有属灵实在的空洞的符号。因此他开始对抗他们，甚至指控他们是异端。

加尔文相当宽容地评价了两派的立场，并提出自己的观点，认为这是双方都可以接受的中间立场。实际上他的观点更接近路德。虽然他拒绝路德从空间上将基督临在理解为以元素临在的倾向，但他把所有的重点都放在了对（从属灵角度是可以理解的！）基督临在于圣餐的坚持上。和路德一样，他强调圣礼和圣言一样，是"主引领我们和耶稣基督交通"的媒介。宗派化趋势成为后来发展的主要特征，它掩盖了加尔文和路德之间最初的紧密关系。不久之前，路德在一封给布塞尔的信中充分肯定了加尔文，并让他代为问候。在阅读加尔文《写给红衣主教萨多莱托的回信》时路德"欣喜万分"，这封写于1539年的信已经阐述了与1541年《简论主的圣餐》相同的圣餐教义。

《写给红衣主教萨多莱托的回信》是加尔文在斯特拉斯堡撰写的又一力作，理应被视为迄今为止维护宗教改革的文章中最灿烂夺目的一篇。它简洁而严谨地介绍了宗教改革的教义和由此带来的一定误解。写这封信的原因是1539年3月红衣主教雅各布·萨多莱托写给日内瓦市政官和公民的一封长信。鉴于1538年解雇牧师引起的混乱，他敦促日内瓦公民回归唯一的真正的天主教会。在里昂一次由教皇保罗三世召集的会议上，这位人文主义学者被委以重任，因为他学识渊博，为人正直，且在宗教改革地区享有很高的声誉。萨多莱托的信圆滑而不失稳重，措辞非常温和，因此在日内瓦获得很大反响。日内瓦和伯尔尼的人们不相信新上任的日内瓦牧师们能出恰当的答复，因而请求加尔文回信。伯尔尼文理中学校长、后来的巴塞尔教会长老西蒙·祖尔策甚至亲自把萨多莱托的信送去斯特拉斯堡。加尔文刚开始还有些犹豫,后来就同意了,在1539年9月1日写完回信。

加尔文面对分裂教会的指控时尤为严肃,他用关于教会统一的基本思想予以反驳。这种统一不是源于组织上和教义上的团结一致,而是因为倾听了基督的声音,只有这样,圣洁性、大公性和使徒性的旧有原则才能得以维护。根据加尔文的定义,教会是"所有圣徒的团契,他们分散在世界各地和各个时代,却通过基督独一无二的真道,通过圣灵合而为一,并坚持和维护信仰统一和弟兄团结"。每一个现存的教会都应据此严格衡量。争论的关键是双重批判中过激的圣灵论。在教皇教会里,圣灵不再是教会的元首,相反,权柄落在圣统制和它"客观的"教职人员手上。针对宗教改革运动内部的激进者,即再洗礼派,加尔文反对的理由是,他们摒弃了圣灵的权威,转而拥护"主观的"个体良知的权威。阻碍教会统一的是这两种畸形发展,而不是决定听从基督圣言的改革教会。

加尔文的信达到了目的,使日内瓦人坚定踏上宗教改革之路。从那时开始,各方不停地请求加尔文重回日内瓦,但他还是考虑了两年,才最终答应回日内瓦任职。他拒绝道:"我宁愿死去一百次也不愿背负这个十字架,在那里我一天要死一千次。"这句话出现在1540年3月29日写给法雷尔的信中。一年之后的1541年3月1日,他同样直截了当

地拒绝了维雷:

> 天下没有地方让我更感到害怕,并不是因为我恨它,而是因为我能见到,在那里我将和什么样的困难作斗争。

在此期间,权力的天平已偏向"纪尧姆派"——这是人们对加尔文和法雷尔追随者的称呼。转变的原因在于日内瓦的三位代表团成员和伯尔尼秘密签订的一份附加条约,明显损害了日内瓦人在沃州的利益。人民中弥漫着对统治派别的不满,他们根据规定日内瓦和伯尔尼关系的条款,将其追随者称为"铰接派"或者嘲笑为"洋蓟派"。在1540年春季举行的选举中,纪尧姆派获得了更多席位。因为伯尔尼坚持自己在条约中的权利,要求惩罚罪犯的声音越来越大。结果这些人逃离日内瓦,而小议会空缺的席位就被纪尧姆派占据。在铰接派最后抵抗导致的冲突中,有两人丧命。议会决定起诉主犯让·菲利普,后者于1540年6月10日被处决。

1540年7月和9月,新任职的传教士让·莫朗和安托万·马尔库相继离开日内瓦,他们的任务是请加尔文回来。因为加尔文在1539年7月获得了斯特拉斯堡的公民权(他被分到裁缝行会),要迁居日内瓦必须得到行会主管们的许可。在去了多封请求信之后,加尔文和斯特拉斯堡人才让步。这一次又是法雷尔让加尔文放弃了抵抗。加尔文给他写道:"如果我有选择,我宁愿做其他的任何事情而不会听从于你。但我知道,我不是自己的主人,我将杀死我的心,献祭给主。"1541年9月2日,加尔文离开斯特拉斯堡,13日到达日内瓦。

第九章

日内瓦1541—1542：教会纪律新规

日内瓦的市政官非常礼貌地接待了加尔文，为他提供了一处位于沙努安街的住房，并付给他比其他牧师多一倍的薪水。然而加尔文并不像他们所期望的那样，在圣皮埃尔大教堂首次布道时做一次彻底的清算或者提出纲领性的目标，而是从两年半前不得不中断的地方开始继续讲解圣经。对此加尔文表示，即使曾在一段时间被阻止，他仍想继续忠诚地完成他的任务。第一次见面后，他立刻要求小议会制定一个包括教会纪律在内的治会章程。议会委任了一个高级委员会，但实质上起草工作是加尔文在做。1541年9月27日，小议会对拟定的草案进行讨论。11月9日，修订后的草案在两百人议会获得通过，在20日举行的公民人会上，也被通过。这些变化表明，世俗当权者极力抓住其在教会事务中新获得不久的权力，并限制牧师的职权。

没有争议的是对职位的安排，它是按照圣经经文和斯特拉斯堡的模式拟定的。主为管理教会安排了四个职位：牧师，其任务是在公众面前宣布上帝的话，进行教牧谈话以及管理圣礼；博士，不仅负责维护正确的教义，培养神学人才，而且负责由教会管辖的学校的所有事务；长老，负责监管教区的居民生活；执事，负责照料老人和病人。同职位分配一样少有争议的，还有关于礼拜仪式的规定、在治会章程第二部分涉及的对教会活动的其他规定，乃至对乞讨的禁令。

这些通过市政代表进行的改变全都涉及一个基本的主题，即属灵权力与世俗权力的关系。加尔文在草案的引言中便指出了该问题。虽然属灵治理的独立性被强调，"如同主通过他的圣言说明和安排的"，但与此同时，市政官和大小议会在治会章程的第一句中就要求负责维护"我们主神圣的福音教义"。

具体而言，属灵权力与世俗权力之间的潜在冲突体现在教会纪律的规定上。纪律的实施掌握在由牧师和十二位元老组成的教会监理会手中。无论是在挑选牧师候选人还是在任命元老上，议会成员都坚持他们的决定权，而牧师们只有建议权。作为对加尔文草案的补充，元老被明确描述为"由社会显贵委任并委派到教会监理会"的人。规定要求，十二位元老中，两位来自小议会，四位来自六十人议会，六位来自大议会，加尔文对此没有异议。然而在《要义》涉及教会纪律的段落中，没有看到他对世俗权力的如此插手给出相应评论。无论如何，加尔文已经做到，即便是自由民，也可以成为元老，因为他们能够被选入大议会和六十人议会。

教会监理会不能施加惩罚,只能给予警告。1543年,小议会在重新商谈后再次确认了这一规定,十年后又重申。加尔文经过长期的斗争,才在大约十五年后,使得教会监理会有权禁止信徒参与圣餐仪式,实施暂时的小绝罚。教会监理会的协商会议每周举行,内容局限在审问和劝诫上。小议会以及市政官保留惩罚的权力,教会监理会需要向他们汇报。

威廉·范·斯皮克对实施教会纪律的实际情况总结如下:

在宗教领域,教会纪律首先针对向罗马天主教的倒退,其次是异教观点、在信仰问题上欠缺的认识或者可疑的观点。有好几次,因为去教堂做礼拜时或者参加圣餐时的散漫,人们被教会议会[指教会监理会]传讯。对牧师特别是对加尔文的侮辱、拒绝服从教会监理会以及后来对法国难民的欺凌,导致劝诫更加严格。道德领域也被密切关注,比如通奸、嫖娼以及同性恋都会受到严惩。同样不道德的行为还有跳舞、唱不雅的歌曲、耍魔术、殴斗、酗酒和误杀。

教会纪律的实施与圣经的准则大相径庭,根据《马太福音》第十八章第十五节,只要没有构成公共的违法行为,不应在公共场合对弟兄立刻予以劝诫。因为教会监理会的本质为市政府的咨询机构,单从法治建制的角度来看,这样是不行的。加尔文认为,现在至少有了一项回应时代弱点的纪律。

宗教改革者对明确区别世俗权力和属灵权力这一基本原则是没有争议的。加尔文也总是不断强调这一原则。但在道德管束和教会纪律是否由世俗当局负责的问题上，却存在不同的观点。根据茨温利的看法，在苏黎世（和伯尔尼）这是世俗当局的事情。巴塞尔的宗教改革家奥克拉姆帕德则提出反对。1530年，在一次面对市议会的颇有影响的演说中，他强调教会纪律是教会当局的事务。布塞尔也提出了类似见解，却没能说服斯特拉斯堡的议会。1536年在巴塞尔逗留期间，加尔文了解了奥克拉姆帕德已经出版的演讲，同时也很清楚布塞尔于1538年至1539年写下的有关论述，那时他正待在斯特拉斯堡。两人成了加尔文的指引。

在教会纪律问题上，茨温利基本上是通过援引《旧约》人物来证成自己的立场。在写给巴塞尔的奥斯瓦尔德·米科尼乌斯的一封信中，加尔文反驳道，他不会接受这种对摩西和大卫的援引。确实"这些虔诚的国王……用他们的权力保护了建立的秩序，这是合适的，但他们也让教会保留管辖权，让神职人员保留上帝授予他们的地位"。市政代表在治会章程结束语中对教会纪律条例的补充，同加尔文的立场是完全吻合的。

所有这些都应该按照圣保罗的命令进行，即牧师不得拥有民事管辖权，而只运用上帝的话这一属灵之剑。教会监理会不能损害议会和普通司法机关的职权，使民事权力保持完整。

需要强调的是,加尔文和世俗权力拥有者对全面管理市民生活的要求并没有争议。建立共同体秩序是现代国家发展的重要推动力。同如今的完全不一样,它涵盖道德生活中最私密的领域,被称为"良善警察"。所有宗教改革者都强调世俗权力机构的内在尊严,并对国家的发展作出重要贡献。但加尔文这位日内瓦改革家的独特贡献在于,他继续发展奥克拉姆帕德和布塞尔的理念,试图在属灵统治中限制世俗力量扩张的危险。在与敌对的世俗权力发生冲突时,改革必须付诸实施,他的神学思想为此提供了动力。加尔文的教义不仅拉近了属灵统治和世俗统治之间的距离,同时使其受迫害的信徒在法国本土、西班牙以及更多的地方重建自己的宗教生活。

除了教会纪律,治会章程还规定牧师必须在教学中保持教义的合一和纯正。在受到各方威胁且动荡不定的日内瓦改革中,加尔文把这一点看得比生命还要重要。牧师们每周五都要聚在一起讨论如何理解圣经。后来这个被称为"Congrégation"的习惯成为一种公开的布道以及在"尊贵的牧师团体"圈子里的会议。每三个月牧师们还互相评价彼此的品行。这种"道德监察"马上引起市政府方面的怀疑,以为牧师们——正如过去天主教神父根据教皇的法规所做的——又想规避世俗立法。

在1541年之后的几年,除了教会纪律以及如何正确理解一些教义，第三个让加尔特别关注的重要领域是对青少年和儿童的指导。1541年至1542年，他匆忙完成新的教义问答，还在进行最后的修订时就交付印刷。正如加尔文在1564年4月28日临终前对日内瓦牧师强调的，如果日内瓦人民对治会章程和教义问答的义务没有成为自然而然的出发点，他不会想在这座城市工作。

1536年出版的《要义》和1537年的教义问答受到路德著作中律法和福音的先后顺序的影响，但加尔文不再按此顺序撰写1542年的新教义问答。现在《十诫》跟在《信仰告白》后，因此就第三种功用（"对重生之人"）而言的律法，是在成圣背景下得到阐明的。这本问答手册显示了布塞尔1534年在斯特拉斯堡完成的教义问答的影响，并同1539年《要义》一样，反映出布塞尔对加尔文神学思想的触动。1542年的日内瓦问答手册成了法语世界中最重要的教义问答手册。它的1545年拉丁文译本更是影响深远,包括1563年《海德堡教义问答》,后者日后成为全世界宗教改革领域中最重要的教义问答。

加尔文受到议会高度评价的独特之处是,他也被要求完成教会范围外的草拟任务。人们知道他接受过良好的法学教育,于是在重新界定不同议会的职权范围以及重新修改1542年法令的过程中,委托他起草和编辑法律文本。但这并不涉及新的根本性概念,而主要是法律上无可争辩的具体规定,比如鸣钟人的正式职务或者在火灾事件中需要遵守的规定等。

第十章

关于教会纪律实践的争论
（1543—1555）

尽管对各自拥有的权能看法不同，牧师和世俗当局双方都有意愿进行建设性合作。原因主要在于日内瓦的对外政策面临困境。与伯尔尼的争论导致日内瓦失去了最重要的盟友，只能屈服于萨伏伊公爵的权力要求。因而不可避免的是，得重新争取伯尔尼周围的加尔文反对者，使之回到日内瓦。加尔文的地位虽然在其1541年返回以后更加稳固，但他接下来面对的是几乎长达十五年不断升级的斗争，斗争的一方是他和牧师们，另一方是市议会的大部分议员。直到1555年的声明后，加尔文在日内瓦的地位才无可挑战。之前他经常发现自己以一个外来者或难民的身份，为自己的权威，有时甚至为自己能留下来而斗争。加尔文作为宗教专制者的普遍形象，阻挡了人们看清这一事实。

日内瓦的当权者拒绝服从教会监理会以及牧师宣布的纪律措施，并公开批判牧师提出的相应要求，使争论不断被激起。改革者和市议会的权能之争在其他地方也发生过，在日内瓦之所以尖锐化，一方面是因为加尔文神学的基本观点。法国新教徒受迫害的经历，使他比其他改革者更不可能把管理教会秩序和基督徒生活方式的责任交给世俗当局。另一方面，世居日内瓦的自信的社会显贵们并不准备在成功驱逐主教之后放弃掌握国家职权。此外，还有两个使情况加重的因素。

首先，不得不提及加尔文的个性。他具备超常的塑造意愿，很难或者完全不能接受反驳。他会坚定不移地追求自己的目标，尽管自认为胆小害羞。他把自己看作上帝的工具，其所作所为不是出于自身的责任，而是受上帝委托。因而妥协在本质上是有问题的。加尔文卓越的能力配得上其塑造的意愿。他有超凡的记忆力、渊博的法学和神学知识，以及使他的名字早早为人所知的辩才——这使得他在1540/1541年的宗教会谈中成为不可缺少的战友。这些能力让他的反对者难有招架之力，即使他们拥有权力。

其次，越来越多的宗教难民涌入日内瓦，赋予争论更多的动力和戏剧性。早在1530年代，日内瓦就不得不供养一大批一无所有的难民。例如据记载，1538年10月到1539年10月间，日内瓦的医院在试图让大部分难民继续其旅行之前，为一万多名需要帮助的外来者提供了生活必需品。当瘟疫在1542年12月爆发，而且情况在1543年夏天急剧恶化时，仅仅出于卫生原因，对难民的措施变得更加严格。1546年后，难民的待遇发生改变。谴责和反对的声浪现在越来越高。显然，为弥补瘟疫带来的人口损失而授予其公民权的难民数量陡升，让本地人感到了威胁。但更具决定性的事实是，1541年至1546年间，加尔文在日内瓦成功地建立起一个受过良好教育并协同合作的牧师团，其成员几乎是清一色的法国宗教难民。他们在布道坛、教会监理会或者小议会上果断又自信的举止，引起了日内瓦世居者的极大反感。

从1546/1547年起帝国和欧洲的政治变动，又带来了新的威胁和新难民潮。1547年4月，皇帝对帝国内的新教徒进行了毁灭性打击，并对不愿服从奥格斯堡临时敕令的新教区域及帝国城市采取势不可挡的暴力。西班牙军队要从日内瓦路过的消息，教皇集结军队的消息，支持新教的帝国城市康斯坦茨被夷为平地的消息，无不引起日内瓦人的恐慌。他们焦虑地注视着法国的进展。当弗朗索瓦一世的儿子亨利二世掌权，他宣布会对新教徒以及支持他们的日内瓦采取更严厉的行动。鉴于这些情况，加上难民不断涌入，再一次，生活在本城的外国人越来越被视为一个危险。

从1549年起，越来越多的法国富人来日内瓦避难，其中一部分是贵族，这也意味着经济上的竞争。1550年，日内瓦有一万三千名居民，其中有的有公民权，有的没有。随着每年新增大约百分之五，到1560年日内瓦的居民总数已经到二万一千。主要是因为城市需要收入来源，1535年到1554年间，平均每年有二十三名法国难民获得公民权。1555年到1557年间，随着加尔文的支持者在小议会中取得胜利，每年获得公民权的人数陡升至一百二十左右。新公民现在也可以作为代表参加大议会、六十人议会以及教会监理会，他们数量的不断增长引起了激烈争论。1555年7月，加尔文在一封写给布林格的信中明确提到，新公民数量的明显增加将会让他的工作得到更多的支持。实际上自1546年以来，在加尔文与日内瓦社会显贵或者单个的日内瓦世居者的所有争论中，都谈到法国人僭取了过分的权力。弗朗索瓦－达尼埃尔·贝尔特利耶是加尔文的反对者之一，他的父亲曾在反对萨伏伊公爵的行动中丧生，而他则在1555年5月因为叛乱被执行死刑。临死前他说："再见日内瓦，最后法国国王将成为这座城市的公民。"

威廉·纳菲几年前的研究表明，加尔文及其信徒同市议会成员或日内瓦世居家族之间冲突的紧张程度，与内外政治的威胁程度存在一种直接的联系。在1541年后的几年，日内瓦危险的对外政治形势第一次推动各方密切合作。他们试图克服内部的混乱，解决与伯尔尼的冲突。从1543年持续到1545年的严重瘟疫也有着相同的效应。然而一旦威胁过去，冲突马上又开始。

1546年1月26日，小议会中一位受人尊敬的成员皮埃尔·阿莫尖锐地攻击了加尔文。作为纸牌生产商，宗教变革给他带来了经济上的毁灭性打击，但影响他生意的法令颁布时，加尔文还没去日内瓦。阿莫对加尔文的反感可能更多的是因为一起离婚诉讼案件。他控告妻子伯努瓦特通奸，加尔文却强迫两人和解。直到一年后，他的妻子因被判通奸罪而再度收押，他才离婚成功。为此他在自己的住处举办晚餐庆祝，借着酒劲指责加尔文错误的教义、个人的缺点以及权力欲，导致这个城市被"法国人"统治。针对最后一点指责，他指的大概是加尔文在几个月前阻止修道士让·特鲁耶担任牧师的事，后者在日内瓦出生，为了成为一名牧师，离开勃艮第的修道院回到故乡。

经过长时间的讨论以及迫于加尔文和牧师方面的巨大压力，小议会决定让阿莫这位获得日内瓦人民大量支持的人忏悔和道歉。他只好仅穿一件衬衫，手里拿着火把，在城里巡游一圈，以向上帝、加尔文和市议会请求原谅。这样极端羞辱一位受人尊敬的公民引起了大家的不满，所以后来又在圣热尔韦教堂前竖起绞刑架作为警示。自然，这样做的后果是进一步增加日内瓦人对"法国"牧师们的仇恨。

1546年的第一季度，加尔文和牧师们开始同颇有影响的法夫尔家族持续发生冲突。1月，教会监理会对阿米·佩兰的妻子弗朗索瓦丝·法夫尔和他的母亲佩尔内特·格朗进行训诫，原因是她们之间不断的争吵。佩兰的岳父弗朗索瓦·法夫尔被怀疑奸淫，但拒绝出现在教会监理会面前。当他最后去的时候，他批评监理会的管辖权主张不当。在随后1546年3月4日的开庭中，他的儿子加斯帕尔——之前就因为违抗和胡言而被传唤——表达了相似意见。据说他的父亲被"外国牧师"傲慢地对待。当加尔文与他对峙时，他表示只想在市政官、本城公民与议员面前，而不想在牧师面前为自己辩护。

1546年3月26日，一位叫安托万·勒克的小议会前成员为他的女儿让娜和被处死的"铰接派"约翰·菲利普的儿子克劳德·菲利普举办婚礼。婚礼庆典上宾客不顾禁令跳起了舞。几天之后，一些参与者因此被捕。他们彼此配合，完全否认跳舞这一事实。之后，加尔文在一次布道中猛烈抨击日内瓦人，侮辱他们为"动物"，称跳舞的人为流氓无赖。听众对此发出抗议。当大议会的一位名叫艾梅·阿利奥的成员挺身反驳加尔文的说法时，这次礼拜以暴乱结束。

接下来的冲突发生在1546年4月。在复活节礼拜活动期间，加斯帕尔·法夫尔和一些年轻人在一家饭馆的花园中打保龄球。受到牧师方面的巨大施压之后，所有的饭店依照法令被迫关门。取而代之的是敞开大门的"修道院"，人们可以在那里一起诵读圣经，进行灵修。这种新建议显然没什么吸引力。一个月后，饭店又获得许可重新开业。

几个星期后，又爆发了一次更严重的冲突。4月，经加尔文同意，小议会允许一部改编自《使徒行传》的戏上演。在预定演出的前一周，即1546年6月28日，牧师米夏埃尔·科普在一次布道中把演员比喻为娼妇。听布道的人反应非常激烈，冲上布道坛，差点把他推倒在地猛揍一顿。加尔文也担心自己的生命受到威胁。

最后一次冲突在1546年夏天爆发，它的意义在很长时间内被低估，直到在威廉·纳菲的研究中才得到彰显：这是一场对洗礼时命名的争论。1546年8月30日，加尔文请求小议会通过一项针对洗礼时的命名的决议。事情的起因是之前一位牧师和理发师阿米·沙皮伊引发的争论。理发师想给他的孩子取名克劳德。牧师却在洗礼盆旁给小孩取名亚伯拉罕，而没有事前告知他。为此沙皮伊愤怒地向议会提出抗议。为了阻止圣人崇拜的延续或复苏，加尔文和其他牧师提议将那些让人回忆起日内瓦往昔圣人的名字列入禁用名单，取而代之以《圣经》中的名字。议会采取了拖延策略，却不能阻止名单的出台，结果是在这个问题上冲突不断，怨声载道。法国牧师甚至插手最私密的家庭事务并禁止他们沿用传统的名字，这让绝大多数日内瓦人感到极其愤怒。

考虑到从1546年夏天起施马尔卡尔登战争引起的威胁，争论暂时缓和。下一次严重的冲突发生在一年之后的1547年6月。一位叫雅克·格吕埃的人以特别的方式表达了他对法国牧师统治的不满，他是1546年3月26日安托万·勒克为女儿举办的婚礼后被捕的跳舞者中的一个。1547年6月27日，这位前修道士在圣皮埃尔大教堂的布道坛贴了一张写满野蛮威胁的字条。在接下来的审讯中，他把加尔文描述为法国的代理人，并说了一些非正统的宗教观点。刑讯之下，他又重述了弗朗索瓦和让·法夫尔所说过的反对加尔文的话。1547年7月26日，依据在其住处找到的败坏其名声的文件，格吕埃被处以死刑。

在施马尔卡尔登战争失利带来的危险形势中，一些人被怀疑与外国势力密谋串通。1547年9月22日，弗朗索瓦·法夫尔的女婿阿米·佩兰被捕。他起初是加尔文的支持者之一，后来成为一位举足轻重的对手。不久之后，一位名叫洛朗·梅雷的法国难民也遭到怀疑。伯尔尼的使者试图证明佩兰无罪，牧师们则试图证明他们的同胞无罪。最后议会达成妥协。由于又受到皇帝及其军队的严重威胁，1548年8月21日，佩兰被重新委任为总司令。

直到1549年7月底，当危险过去，加尔文才又在一次布道之后引发抗议。没多久冲突就升级。问题依然是"法国人"在城市中的影响力扩大所带来的可感知的威胁。在1551年选举前，仅由日内瓦世居者组成的小议会尝试限制新公民的投票权，提出他们在获得公民权的最初二十五年内不能参加选举。人们在关于此事的情绪化辩论中，把其他的争论混带进来。菲利伯·贝尔特利耶和其他人一起抗议那位"法国"牧师的行为。在1552年初的选举中，加尔文的对手获得的选票明显增加。由于各种违过而被革除教籍的贝尔特利耶被推选担任司法部门的领导职位。牧师们的立法建议被看作"法国人和加尔文控制我们"的企图而遭到严厉驳斥。1545年曾被加尔文阻止担任牧师，现在作为公证人在市政府工作的特罗利耶把加尔文的一封猛烈抨击议会的信公布于众。这让加尔文陷入为自己辩解的艰难处境。

1553年，冲突继续升级。被教会监理会革除教籍的菲利伯·贝尔特利耶拒绝承认该机构的权能，并向小议会上诉。小议会同意他有权参与圣餐。加尔文表示反对这项决议。1553年9月3日星期日，加尔文提出了符合他宗旨的教会纪律原则。他给朋友维雷写道:"我发誓,我宁愿受死,也不愿让主的圣餐受到如此无耻的亵渎。"由于预见到事态的急剧升级,议会秘密决定,要求贝尔特利耶自愿放弃参加圣餐仪式。加尔文本人已作好第二次被驱逐出日内瓦的准备。

第二天,在加尔文到场的情况下,小议会讨论了谁有权革除教籍的规定。第三天,加尔文获得其他牧师的支持,他们宣布,宁愿被处死或驱逐,也不愿圣礼遭亵渎。事情暂时就是这样。1554年3月20日,贝尔特利耶的观点重新激起争论,小议会不得不征求其他瑞士教会对教会纪律的意见。苏黎世和伯尔尼都不支持加尔文的立场,即革除教籍不应由世俗当局决定,而应由作为宗教机构的监理会决定。伯尔尼的回答是,人们根本就不知道什么是革除教籍。巴塞尔的态度不明确,仅仅转达了自己的规定。加尔文催促日内瓦作出决定,最后贝尔特利耶被要求和教会监理会达成妥协。1555年1月24日,大议会和六十人议会宣布,应当遵守以往的规定。第一市政官着重强调了教会监理会的权能。加尔文在1555年2月24日给布林格的信中写道:"经过长期的斗争,革除教籍的权利最近终于明确归于我们。"

这个有利于加尔文及其追随者的变化的一个重要前提是1555年爆发的多起轰动的"犯罪事件"。它们似乎证实了加尔文和牧师们关于混乱和道德沦丧在日内瓦蔓延的看法。1554年有三起鸡奸案件受到审判。第一起中的五位被告很快在3月被处死。第二起因为违法者的年龄不够，以烧掉他们的画像作为警告结束。在这样的背景下，牧师们及其支持者传达的信息就更具吸引力。加尔文的反对者，即所谓的佩兰派，在1555年的选举中损失严重。正如之前提到的，在这样的情况下，新公民的明显增加会提高加尔文追随者的地位。而始于4月和5月的新承认公民数量的增加有着正当的理由，即由于日内瓦欠巴塞尔的债务而产生的财政需求。

5月16日晚，一些也许是因为喝酒而失去理智的佩兰派在晚饭后游行。这样无组织的，确切地说是混乱的示威行为被视为暴乱，导致当事人遭到逮捕。佩兰可能在混乱中也和市政官发生过冲突，只能逃亡。然而1555年5月24日，他依然被提名参加小议会的会议。在佩兰缺席审判的情况下，他和其他人一起被判处死刑。四位参与5月16日暴乱的人被处死。

1546年到1555年间的日内瓦冲突，到目前为止主要是从加尔文的视角出发撰写的。他看到的基本上总是一些日内瓦世居者及其家庭不愿意听从上帝的话语并接受相应的生活方式。日内瓦对拥有声望的公民明显的犯罪行为从轻处理的做法，也让加尔文无法容忍。他看到日内瓦盛行的道德沦丧和目无法纪，多次对此进行抨击。这种批评也发生在布道坛上，其言辞之激烈有时会招致直接的抗议，甚至还受到小议会的正式谴责。与那些生活杂乱无章的人，那些不愿背负基督枷锁、被他称为"自由主义者"的人的斗争，贯穿着加尔文的工作。另一方面，如果查阅日内瓦教会监理会的会议记录，我们却找不到对加尔文观点的证明。这些记录完全不能证实性自由、奢侈行为、赌博、酗酒或者类似放纵行为的增长。这些被审理的事件大多数涉及城市居民或配偶之间的纠纷，以及重新支持宗教改革前的罗马天主教的行为。然而最重要的是，教会监理会对违法行为采取的行动，同加尔文的反对者负责的世俗法庭的判罚没有明显区别。

对于教会监理会审理案件数量总体上的增加，最好的解释是随着时间的推移，审讯程序越来越完善。日内瓦公民同加尔文及牧师们之间的争论，有相当部分之所以发展成激烈的冲突，是因为牧师们不让步的、不时傲慢的行为引起了义愤。这些牧师和作为难民的加尔文一样，目睹过教友在法国本土为了生存而进行的斗争，仅仅出于这个原因，就几乎不愿妥协。

加尔文对他选择的这条斗争之路并没有真正质疑过。他会批判性地评价自身，当他自认为举动过于胆怯和妥协或者过于激烈和失控。但这丝毫不会改变他对这条艰难之路的正确性和必要性的笃信。对此只能部分从他受迫害的经验或者从他对宗教改革所受威胁的合理评估中找到解释。加尔文 生以圣经为伴，并几乎不间断地在布道坛和讲台上解释经文。在《旧约》关于摩西和以色列人的故事中，他找到了对自身道路的解释。这些经文一再谈到以色列人的抱怨、重新犯错、背离以及围绕金牛犊的舞蹈，一再涉及摩西的疑问,但这些问题并没有使摩西对上帝的使命感到困惑。加尔文正是从这里找到了生活的意义,获得了精神和思想上的决定性的支持。如果没有这段《旧约》经文的影响史,我们无法恰如其分地理解他所走的这条不妥协之路。

第十一章

教义的合一与纯正!
为改革的成功而战

引发争执是加尔文改革工作的特征,而围绕教会纪律的持续冲突,只是争执中的一部分。他孜孜不倦地争取教义的纯正与合一,在这点上他几乎完全同意日内瓦议会。加尔文撰写的大量有争议的神学文章首先针对罗马天主教会的代表。除了1539年发表的反对红衣主教萨多莱托的文章,他还撰写了大量反对乌特勒支修道院院长阿尔贝图斯·皮基乌斯(1542)、索邦的神学家们(1544),特伦特公会议(1547)以及奥格斯堡临时敕令(1548)的文章。最初,他反对那些不想公开表明宗教改革思想的所谓尼哥底母主义者,最后转为反对路德的部分学生。他还发表了《论灵魂的安眠》等文章反对再洗礼派(1533/1542,1544)、反对奔放的唯灵论代表(1545)、反对占星学追随者(1549)以及所有迷信其他东西和反对宗教改革的人。

皮埃尔·卡罗利（1537/1545）

在日内瓦时，加尔文尤为坚决地围绕教义的合一与纯正或者他自身的正统性进行论辩。早在1537年第一次停留日内瓦期间，他就面临正统性的质疑并尝试为其辩护。在洛桑，皮埃尔·卡罗利这位巴黎大学的神学博士，试图在一次宗教改革家皮埃尔·维雷缺席的情况下表现自己。此前他因认同天主教认为人们应当为死者祷告的观点而受到斥责。现在他为自己辩护，指责维雷、法雷尔和加尔文否认天主教的三位一体教义，其主要事实依据是日内瓦信经对此完全没有提及。这种指控是很严重的，因为根据帝国法律，否定三位一体教义者将被处以死刑。加尔文反驳道，他只用自己在圣经中发现的话语来谈论上帝。他甚至不想通过签署天主教的信仰声明来证明自身的正统性。在斯特拉斯堡期间，加尔文又碰到了卡罗利。后者指控加尔文应对他临时改宗罗马天主教会负责。面对这样毫无根据的指控，加尔文反应非常激动——连他自己也承认行为失控。1545年，他又一次表明对这件事的观点，并抨击卡罗利反复无常的性格。

塞巴斯蒂安·卡斯泰利奥（1543/1544）

回到日内瓦两年后，加尔文与日内瓦文理中学校长塞巴斯蒂安·卡斯泰利奥开展了一场争论。卡斯泰利奥是一位才华横溢的语文学家和人文主义者，加尔文在斯特拉斯堡时结识了他并把他带到日内瓦。1543年，当他出于经济原因想转而担任牧师职位时，加尔文根据1541年的规定与他谈话。在这个过程中，卡斯泰利奥对《旧约》中《雅歌》的正典性提出质疑。这是所罗门年轻时写的一组带有色情色彩的爱情诗，因此不应归入圣经正典中。卡斯泰利奥进一步反对加尔文对《使徒信经》中所明言的基督下到阴间的解释。加尔文把日内瓦教义问答手册中"下到阴间"的表述解释为基督在十字架上最高的内心斗争，而不是他在亡灵世界里的布道。在这个问题上，加尔文完全可以允许不同的阐释。但圣经的正典性不容置疑。因而加尔文和日内瓦牧师拒绝让卡斯泰利奥担任牧师职位。他被日内瓦以一封友好的推荐信解雇。十年后，已成为巴塞尔教授的卡斯泰利奥将尖利地指责日内瓦的不宽容。

耶罗尼米斯·博尔瑟（1551）

1551年，医生耶罗尼米斯·博尔瑟接受审判，那年春季他刚在日内瓦旁的韦日定居。1551年10月16日，在每周一次使公众了解牧师们如何解经的集会上，他尖锐攻击加尔文的上帝预定论，声称谁像加尔文那样教导，谁就会使上帝成为罪恶的创造者和暴君。加尔文不能援引奥古斯丁为自己开脱。在博尔瑟演讲后，加尔文以同样坚决的方式反驳他。博尔瑟不仅重提之前的指责，而且显然言辞激烈，以至于立即被市警察局长带走了。市政府让博尔瑟接受审问,却无法作出判决。日内瓦因此征求伯尔尼、苏黎世和巴塞尔的专家意见。尽管这些意见没有一致支持加尔文的立场,但当局已看到有足够理由把博尔瑟驱逐出日内瓦。

这件事并没完,一年后加尔文的老对手让·特罗利耶对预定论作出同样的攻击。在市政府的全力支持下,这次争论很快就平息了,但与博尔瑟的争论有着重大的影响。一方面,他在二十五年后成为之前提到的颇有影响的诽谤性传记的作者。这部传记在两个世纪里为反对加尔文的论战提供了养料,是对这位日内瓦改革家进行的疯狂扭曲的源头。另一方面,这些争论迫使加尔文更加清晰和深入地发展预定论。这也是后来预定论在他的神学影响史上占主导地位的原因之一。加尔文以坚决的态度维护这一教义,即所有的救恩取决于上帝的选择,并推出其逻辑后承:"如果根除上帝的选择,就不再有教会和基督教。"必须劝诫人们:

第一,荣耀上帝,照着他应得的,第二,确保我们的得救,这样我们可以完全自由地吁求神,如同吁求我们的父亲。如果不能坚守这两方面,我们就有祸了;之后将既没有信仰也没有宗教。一个人依然可以谈论上帝,但那将是一个不折不扣的谎言。

1551年,加尔文对博尔瑟攻击的回复被印刷出来作为新年礼物送给市政府。更具影响的是加尔文在接下来几年补充到《要义》新版本中的根本性讨论。在这里他始终没有摆脱这样的危险，即把不幸的预定（这在逻辑上是必然的）与得救的拣选平行，作为同等重要的内容来教导。另外，对于圣经所暗示的观点，即耶稣基督不仅被称为拣选的开始，还在自身中承受了对人类之罪的取消，加尔文在这里也没有像在其他著述和圣经评论中那样明确说明。

米格尔·塞尔维特（1553）

1553年秋又引起了一场争论。在围绕教会纪律的争论随着加尔文即将在9月3日离开日内瓦而达到顶点前夕，著名的西班牙三位一体否定者米格尔·塞尔维特（1511—1553）在日内瓦被捕。1553年10月27日，审判结束，他被判处火刑。在这次迅速尖锐化的事件之前，加尔文与塞尔维特相熟已久。1534年，他计划在巴黎逗留期间与塞尔维特会面——根据贝扎所述——却没能实现。就像其他改革家一样，塞尔维特后来也试着和加尔文建立联系，但因为他否定三位一体学说，未被接纳为对话者。这位从1540年起在里昂附近的维埃纳开业行医的学者，给加尔文写了大量信件，却没有得到回复。1553年他出版了著作《基督教复兴》，书名就表达了他想与《要义》的作者进行神学对话的要求。① 早在付印前，塞尔维特就给加尔文寄了一份抄本，却遭到后者的坚决拒绝。塞尔维特反对天主教会的三位一体学说，认为其不符合圣经，取而代之的是一种内在于世界之中的上帝观，与泛神论相近，深受新柏拉图主义影响。加尔文对这位自信地要求与他进行神学论辩的学者只有苛词：

塞尔维特最近写信给我，并随信附上他那本厚书，我在他疯狂的学说中看到的是夸夸其谈，是种种令人惊诧和闻所未闻的东西。他说如果我喜欢它，他会来这里。但我不会保证任何东西。因为如果他来了，我不会让他活着离开，如果我能做到的话。

当塞尔维特的《基督教复兴》付印时，一份来自日内瓦的指示要求找出作者。指示是通过法国难民纪尧姆·特里传达的，他是著名人文主义者纪尧姆·比代的女婿。当宗教裁判所的调查毫无进展时，正是特里在受到紧急询问后寄出的塞尔维特写给加尔文的信，支持了宗教审判所的进一步调查。8月13日，逃难中的塞尔维特最终在日内瓦的礼拜仪式中被认出，并因为加尔文的命令立刻遭到逮捕。在持续两个半月的审讯中，加尔文的秘书尼古拉·德拉方丹控诉了塞尔维特的异端思想及其对教会秩序的扰乱。因

---

① "复兴"的原文为 restitutio，"要义"为 institutio。

为法官中有加尔文的敌对者，塞尔维特本还有希望获救。然而，无论是竭力针对加尔文的反驳言论，还是对毫无尊严的拘禁表示绝望的求救信，都没能帮上他。在此期间，日内瓦人征求了外部对此事的态度。10月上旬，日内瓦人接受了各级议会以及苏黎世、沙夫豪森、伯尔尼、巴塞尔的"上帝之道的仆人们"给出的专家意见，它们都支持处死这个危险的异端。于是1553年10月27日，塞尔维特被判处火刑。死刑于当天执行。

在这个事件中，法律状态是很清楚的。按帝国法律规定，否定三位一体学说就得判处死刑。而罗马天主教的法律不仅要求处罚反对三位一体学说的人，还要求处罚其他异端。日内瓦人遵守查理五世皇帝制定的严密的法院章程，其第一百零六条也规定对渎神者施以"肉体、生命或肢体"上的严惩。但这一事实却遭到时不时会被提起的判决——加尔文让人对塞尔维特处以死刑——的掩盖。此外，要解释加尔文的行为，必须考虑他们之间复杂的私人关系，它持续了数十年之久，不可能在所有维度予以重构。塞尔维特正好在威胁最大的情况下去往日内瓦这一奇特的事实，也许只能用明显的末世情绪来解释。还需要考虑的一点是，卡罗利曾攻击加尔文蔑视旧教会的三位一体学说，而加尔文不得不为自己辩解，因此他绝不允许出现任何对他已划清界限的怀疑。

必须清楚说明的是，加尔文在与塞尔维特及其他反对者的对抗中，并不认为自己有能力做到现代意义上的宗教宽容。即使加尔文不想把卡斯泰利奥对"基督下到阴间"的偏离解释定为异端学说,这种让步也受到严格的限制。在日内瓦,这样的不同观点会对改革构成威胁,因而不被容忍。总体而言,牧师和市政府在教会纪律的问题上争论不休,但对排除异端思想这一点几乎没有异议。对异端分子的惩罚是由世俗当局来执行的。

第十二章

激化1553—1554：
当局暴力用在信仰问题上？

对塞尔维特的处决,引发了一场相关的原则性问题的广泛讨论。很快批评加尔文和日内瓦当局的声音大了起来,诸多指责中,有一条认为他们退回到可憎的宗教裁判所的做法。加尔文被迫撰写了一篇深入的文章,即《对三位一体正统教义的辩护》(1554年2月印行),该文被约瑟夫·莱克勒称为"对不宽容的绝对辩护"和"有史以来为迫害异端辩护的最可怕的论文之一"。在文中,加尔文再次非常严厉地驳斥了塞尔维特的反三位一体论。此外,他从根本上探讨了宗教当局是否被允许处罚异端。也是在此文中,加尔文强调,基督王国不是通过武力,而是通过宣讲福音得以存在。因此任何人不会被强迫信教。但对于那些鼓动他人背离真正信仰的人,那些破坏教会的和平、撕裂敬虔的统一的人,世俗当局有责任采取行动。

该文声称,如果邪说的始作俑者固执己见,如果他们对上帝的不敬已无法再被容忍,死刑也可以作为最高暴力手段运用到他们身上,如塞尔维特一案。对于邪说的拥护者则可宽容待之,如有必要,从轻处罚。

但如果宗教被动摇了根基,如果上帝被人以令人厌恶的方式亵渎,如果灵魂被破坏性的邪说毁灭,如果一个人最终要公然背弃上帝和他的教义,那就有必要采取那个最后的救济手段,以免致命毒药继续扩散。

加尔文的论证针对两类对手:"煽动者"和"好意但头脑简单者"。后者有的是因为不了解情况,有的是因为自己在宗教裁判所的不愉快经历,而否认世俗当局有惩罚异端的权力。对手中的另一类,那些制造混乱的人,坚持他们个人的宗教直觉,将教义中每一条普遍定规均视为教会的暴政。加尔文反驳道:"如果虔诚的教义变得不确定和可疑,宗教将如何存在,何以辨识真正的教会,基督最终将是什么?"加尔文深为关切的东西在这里变得清晰起来。他看到宗教改革正在根本上受到危害。因此,应采取一切手段来维护正确教义的清晰与合一。在为真正教会的生存而斗争时,不能给多元性和个体化宗教任何空间。

加尔文《对三位一体正统教义的辩护》一文所反对的"煽动者",除了塞尔维特,还有卡斯泰利奥。此人对塞尔维特的处决和加尔文的辩护文作出回应,其用笔名发表的著作于1554年3月刊印,至今被看作宽容思想史上的里程碑。这本题为《论异端是否应受迫害及应怎样对待他们》的八开本小册子厚达一百七十五页,集结了反对判决异端死刑的文本和语录。在该书前言中，卡斯泰利奥主张包容不同的宗教观点，专注圣经基本教义，以效法基督的实践来教导信仰不同者。

结果，卡斯泰利奥与加尔文的对立似乎正好印证了开头提到的、因斯蒂芬·茨威格而广为人知的对峙，即"良知对抗暴力"。然而，用这种方式将宽容与不宽容分别安放到这两个名字之下，也太过简单化了。事实上，卡斯泰利奥也分享了16世纪特有的基本观点，而该观点与现代的宽容概念并不兼容。他想在异端和渎神者之间作出区分：只有在教义和教会制度问题上立场偏离的异端才有权要求宽容；相反，渎神者，即那些否定上帝和圣经的人，按卡斯泰利奥的观点也应移交世俗当局惩处。如果一个国民坚持否认宗教的最根本事实，如创世、灵魂不灭或者基督复活，世俗当局便有充分的理由令其流亡。在直到17世纪初才被刊印的《反加尔文小册子》中，卡斯泰利奥就此作进一步讨论。他坚持，《旧约》中的律法并非针对异端，这些人仅仅是迷途者。而对不信上帝者、渎神者和偶像崇拜者，处理方式则完全不同。他们理应被指控侮辱上帝的威严，因此也将受到世俗当局的惩处。

加尔文一些被引用的说法几乎没有为宗教宽容留任何余地。这主要得归因于两种传统和思维模式。其一是，他一直以其通过法学教育而熟悉的基督教皇帝们的罗马法为导向。《查士丁尼法典》和《民法大全》中的《新法典》自然假定了基督教统治者对其治下社群正确敬神的责任。

与此紧密相关的是他对《旧约》律法的尊崇。例如与路德相比，加尔文不是那么愿意通过提及四福音书或《新约》中的告诫，将律法相对化。尤其是摩西五经中针对偶像崇拜、渎神、异端和巫术的严厉律法，为加尔文以死刑惩处异端提供了范例。然而这里必须强调的是，基本上加尔文不仅认为《旧约》中的礼仪律不再适用于基督徒，而且认为司法律也不再适用，尽管作为典范，这些规则仍然重要。加尔文当然分享了这一被罗马法和《旧约》形塑的观点，即上帝可以惩罚整个共同体，如果该共同体在自身范围内许可异端、偶像崇拜和渎神。

如果问及他的神学内在的思维结构中哪些能兼容或有益于现代宽容思想的发展，可以列出三条意见。人文主义者如伊拉斯谟或者卡斯泰利奥的思想，即在关注主要教义一致性的同时，宽容个别教义的不同，也被加尔文所接受，但他的理解要来得非常严格。个体化宗教趋势在宗教改革左翼中的蔓延，对加尔文几乎没产生任何影响。与此不同的是，属灵的政府与属世的政府需明确加以划分，这一点是路德鉴于中世纪的畸形发展所强调的。属灵的政府与属世的政府有各自的尊严，不仅职责范围不同，行动方式也不同。属灵的政府传播福音，不是用暴力，而只能依赖话语来实现。

在1536年首版《要义》中，年轻的加尔文就采用了对两种政府统治的区分，也阐述了属灵的政府拒绝使用暴力手段的后果。因此，在对付那些学说或生活方式可能危害到信徒共同体的人时，得选择相应手段。不是诉诸国家暴力，而是通过暂时的排除，以达到改善或拯救的目的。"用尽各种方式，不管是通过劝诫、教育，还是通过宽容、感化，抑或最后通过祈求上帝"，使其改正回心，重新被教会集体接纳。也要如此对待其他宗教的信徒和真正宗教的敌人，加尔文补充道："不仅这些不幸之人，而且土耳其人、阿拉伯人以及其他真正宗教的敌人，也应如此对待。"加尔文坚决拒绝动用逼迫和暴力手段得来的皈依。

我们很难赞成迄今那些为强行使人皈依我们的信仰而构想出的方法，如禁止他们使用水、火及所有人类共有的元素。这种剥夺同胞的法律保护，用武力迫害他们的做法，违背了所有的人道义务。只要我们还不清楚上帝的判决，我们就无权对个体的教会成员资格进行判决。

意味深长的是，上面引用的这些句子，在《要义》后来的版本中被删除了。加尔文认识到宗教改革正面临迫在眉睫的威胁，加上他在日内瓦为教义的合一与纯正进行的激烈斗争，导致他对属灵的政府与属世的政府的任务和手段的区分进行了成问题的修改。在非关乎身体而是关乎灵魂的属灵的政府中，只能用话语而非暴力手段去抗争，这一原则最终在很大程度上被放弃了。考虑到受过法学训练的加尔文从一开始就强调属世的政府有责任对渎神和偶像崇拜采取行动，这一放弃来得更加轻易。因此1536年出版的《要义》便这么谈到属世的政府的任务:它应努力"禁止偶像崇拜、对神圣名的亵渎、对他真理的亵渎,并阻拦其他对信仰公开的冒犯兴起和蔓延"。属世的政府有责任"保护神的话语所教导的独一无二的信仰,免得有人不受惩罚地公开亵渎以及冒犯他"。

第十三章

巩固、宗派化、迫害和完善
（1555—1564）

巩固措施

加尔文的追随者主要采取两项措施来巩固其在1555年获得的权力：让更多的法国难民获得公民权——之前已提及，将亲近佩兰派的议员替换掉。例如，律师热尔曼·科拉顿，即前文提到的加尔文传记作者、神学家尼古拉·科拉顿的叔叔，就于1560年成为六十人议会成员，该议会是向自由民开放的最高机构。在加尔文最亲近的人中，安托万·加尔文和安托万·弗罗芒于1558年当选大议会议员，一年后又有洛朗·诺尔芒迪、让·比代（纪尧姆·比代之子）和纪尧姆·特里。然而持续的冲突表明，即便是在1555年后，加尔文和他的追随者在实施他们的计划时也并非没有明显的阻力。例如1556年11月的大议会会议就演变成一场骚动。小议会在牧师们的压力下，决定对违反城市道德法者给予更严厉的世俗惩罚。这份提议提交到大议会时，前市政官皮埃尔·博纳因其太过严苛而驳回。许多较小的冲突引发了逮捕和处罚,这是有据可查的。只是相较于1555年以前,现在不再有带公职的人受到处罚。

最急迫的问题依然是与伯尔尼的紧张关系。1556年与伯尔尼的保护条约到期,得展期或更换。伯尔尼的市政官们却对加尔文和法国难民日渐增长的影响力非常不满,拖延重新订约的谈判。与此同时,有几个被日内瓦当局驱逐的反对者正待在伯尔尼地区,煽动起反对新的市政府的气氛。最严重的事件是菲利伯·贝尔特利耶和其他被驱逐者在伯尔尼法院起诉日内瓦当局,要求获得赔偿。日内瓦不承认法院判决,但法院允许有关人员在伯尔尼境内征用日内瓦的财产。经过长时间磋商后,此事才有了一个解决方案。重新缔结伯尔尼与日内瓦条约的努力最终也因面临来自萨伏伊公爵的新威胁而成功。1558年1月的第二个周日,双方公布了一份尊重日内瓦利益的"永久盟约"。然而即便在瑞士其他教会试图调解之后,日内瓦和伯尔尼神学家们在教义问题上的冲突仍未消除。

1555年之后教会监理会的作用明显增强。监理会的工作运转顺畅,特别是从市政府方面来的阻力不再值得一提。现在是由教会监理会,而非小议会来宣布开除教籍。1555年一共有八十起案件适用教会纪律,一年后数量翻倍,1557年至1561年间这一数字变成三倍之多。1559年有超过三百人被暂时开除教籍。从加尔文的角度来看,在日内瓦的工作卓有成效的最后几年证实了他的估计,即持续实施宗教改革的必要前提是一支合格的且在教义上统一的牧师队伍。显然，以加尔文为首的这些受到良好教育，部分还受过法学教育，有的在智力上还很出色的牧师，在公众生活中扮演了重要角色。教会监理会的工作也由他们主导。他们才是审问被传唤者的人，而非市政官或者其他元老。

加尔文和其他牧师的影响力以及获得公民权的难民人数的明显上升，确保了影响更为深远的法律规定的出台。现在男女在做礼拜时必须分开就座。1557年11月12日大议会决议，蔑视教会纪律者按叛逆罪罚以一年驱逐。然而最重要的是，现在得以按照加尔文的意愿，对1541年的治会章程进行修改。1560年2月9日通过的四个决议，加强了教会当局在教会事务上的职责。主政的市政官不再在教会监理会的会议上担任职务，因为这里并非市政府的职权范围。在选拔元老时，牧师应当得到更多的参与权。在教会事务中区分公民和自由民是无意义的，最终不管是判处革出教会还是重新接纳回教区都应该在全体教众面前公开进行。1561年11月13日，治会章程的修订和增补版在圣皮埃尔大教堂隆重公布。

教会纪律的严格执行当然无法令受牵涉的人欢欣鼓舞，但本地人之所以非常反感，最主要还是因为法国牧师和素质高的富裕难民占据着主导地位。对于改良基督徒生活的措施，为信仰而逃到日内瓦的人感受完全不同。他们中除了法国人和意大利人，自1553年起还有为逃脱"血腥玛丽"迫害来寻求庇护的英格兰和苏格兰的难民，其中最为知名者之一为后来苏格兰的宗教改革家约翰·诺克斯。他近乎

狂热地宣称，这里有

自使徒时代以来世上最完美的基督学校。当然我承认，在别的地方基督之道也得到了正确的宣讲，但我从未见过习俗和信仰像在这里一样，得到如此纯正的改革。

我们的背后有着20世纪的经验，加上自由社会的原则已不证自明（国家和教会机构的自决是基本的），因此很难恰当评价加尔文在日内瓦的情形。若进行历史的分类，得考虑两个方面。一方面是随着基于人身性权力关系的封建秩序的没落和早期现代领土国家的缓慢形成，出现了对规范的大量需求。在宗派环伺的环境中形成的领土国家有如下特点，即统治权集中在唯一的领土当局手中，同时对管制的需求几乎是爆炸式增长。日内瓦共同体的独特之处只在于，教会在道德纪律方面具有特别的权能，在推动规范工作上具有连贯性，并取得了广泛的成功。

另一方面，这种变化——在法国的进展相对更大——与危机感的增强有关。16世纪下半叶，对失序和宇宙可能再度坠入混乱的悲叹不绝于耳。受过良好教育的知识分子领袖对此深有同感，并对日内瓦模式的创造力充满期待。法学家朗贝尔·达诺是加尔文的学生，他的说法代表了当时的社会氛围："没有什么比秩序更美。"

日内瓦学院

从一开始加尔文就特别注重青年的教育。他在日内瓦活动的最后几年成功创建了日内瓦学院——对于保障日内瓦乃至法国和西欧其他地区的宗教改革而言,这是至关重要的一步。加尔文在斯特拉斯堡考察了约翰内斯·施图尔姆主持的高等学校,打算在日内瓦效仿。鉴于湖滨学院糟糕的建筑状况,他在1557年与1558年之交的冬天开始寻找其他可能性。用更高级的教育来完善教学面临的首要障碍是,在资源有限的情况下,难以找到合适的教授。此时一个幸运的情况帮了日内瓦人的忙。伯尔尼的市政官们和洛桑的牧师们的冲突升级,后者反对当局对开除教籍和宣讲预定论的禁令。1559年2月他们遭到解雇,其中的两位,皮埃尔·维雷和泰奥多尔·贝扎迁往日内瓦。贝扎曾在奥尔良和布尔日学习法律,自1549年起在洛桑学院任希腊语教授,现在成了院长。1559年6月5日他在盛大的开学典礼上发表院长讲话。学院划分为"私立学校"(即文理中学)和"公立学校"(即狭义上的学院)。

第一年该学院就有一百六十二名学生,1564年大约有三百名。学院是国立机构,但全部课程按照神学教育设置。直到加尔文去世后,才新添法学和医学教席。就像在斯特拉斯堡一样,经典(特别是圣经原文)的研习占据中心地位。它也分享了斯特拉斯堡"虔诚的雄辩"这一理念,反对经院哲学纯理论的、异化的逻辑诡辩,而是要求按照古典修辞学的训练对材料进行解构,使其传达能令人信服,并有效地塑造生活。语言教育和道德教育是直接相关的。大部分学生来自法国,学院将在法国新教牧师的培养上发挥至关重要的作用。

加尔文早在1536年就受聘为圣经教师,此后长期举行有关圣经的讲座。现在他将该课程置于日内瓦学院的框架内继续进行,主要是专注于《旧约》。授课的成果就是他影响深远的注释,几乎涵盖全部圣经。直至当代,它们被一再翻印,并被译成多种语言。《新约》各卷中他未注释的只有《约翰启示录》。整个一生加尔文都自觉服从他在1540年《罗马书》注释前言中阐述的目标:"解经者的首要美德是简洁明了。"这意味加尔文在进行系统的神学解释时会试图尽可能精简表达。

上帝之道的宣讲

除了在学院授课时,加尔文还在颇具规模的布道中致力于解经。关于加尔文直至1549年的布道工作,包括1538年至1541年他作为法国难民社区牧师在斯特拉斯堡的那段时期,只能找到极少的信息。自1549年起,抄写员德尼·拉格尼耶将加尔文的布道词记录下来,并专门发展出一种独特的速记。布道词被印刷出来售卖,所得款项用于资助在日内瓦的贫穷法国难民。借助拉格尼耶的笔记可以很好地重现加尔文的布道内容。他于1557年撰写的目录——由尼古拉·科拉顿在1564年9月抄录并增补——列出了不下二千零四十篇加尔文布道文。日内瓦市当时分为三个堂区：圣皮埃尔区、圣热尔韦区和马德莱娜区，配有五名牧师和三名助手。三个教堂需在礼拜日的破晓时分（夏季6点，冬季7点）以及下午3点举行布道仪式，此外还要在工作日的破晓时分举行礼拜。如他的传记作家科拉顿写的，加尔文除了每隔一周的主日礼拜之外，还主持每个工作日早上的礼拜仪式。在没有安排布道的那些周，他每周举行三次圣经讲座。另外，他每周五还要参加集会，为培训本城和周边地区的牧师而讲解圣经。加尔文的布道大约持续三刻钟，按照当时的标准应该算比较短的。

如同其他宗教改革家一样，加尔文按照圣经各卷的顺序布道。主日的布道只讲解《新约》，唯一的例外是加尔文特别看重的《诗篇》。工作日则讲解《旧约》。如果想了解加尔文的著作和神学特色，除了教学活动中的解经外，还得重视他毕生从事的异常广泛的布道工作。他首先的也是最重要的身份是解经者。

《合一信条》(1549) 与 《高卢信纲》(1559)

法国宗教难民在日内瓦的存在，在最后的十年间比之前，更大地影响了加尔文的工作。法国牧师们掌控着教会生活。在日内瓦共同体中，受过良好教育的难民越来越占据重要地位。加尔文的众多信件往来中，有相当一部分在关注家乡法国的事态发展。在亨利二世（1547—1559年在位）治下，仅仅1547年至1550年间，声名狼藉的"火焰法庭"就对"渎神的异端和安宁与和平的破坏者"作出超过五百份判决。加尔文不知疲倦地安慰鼓励受迫害的同派教友。在表达深切同情的同时，他也呼吁他们坚定信仰。当获知里昂有五位倾向新教的学生被判死刑时，加尔文尤感痛苦。在巴塞尔、伯尔尼和苏黎世以及在神圣罗马帝国，他一直在争取对法国新教徒的支持。到加尔文晚年，领导法国新教教会建设的是泰奥多尔·贝扎。仅仅1562年至1564年间，就有七十二封请求派遣牧师的信函寄到日内瓦。一名日内瓦的堂区牧师写信给法雷尔，说如果有人选的话，应该立即聘用四千至六千名传道人。尽管遭受迫害，法国的新教教会还是继续扩大。

1559年5月25日至29日，法国"分散"的堂区在巴黎举行第一次宗教会议。加尔文寄去他所起草的信纲，由此演化出后来著名的《高卢信纲》。所有教义的出发点是——标题就已经与对教皇的偶像崇拜相对立——上帝的道，正如福音书中显示的：

1. 因为信仰的基石，正如保罗教导的，是由上帝的道奠定的，我们相信，活生生的上帝在他的律法中、通过他的先知们、最终在福音书中彰显，并在对人的拯救中证明他的意志。所以，我们把由《旧约》和《新约》组成的圣经视作唯一无谬真理的总和，它来源于上帝，不容许任何异议。

在此加尔文非常清晰地表达了自己的基本信念，即圣经经文一定是所有教义与神学讨论的出发点和标准。他为教会统一所作的努力，以及必要的划界，都是由《高卢信纲》开头所阐明的基本判断所决定的。

《高卢信纲》并不打算作为一个新教派的创始文件，而是意欲对新教教义进行适当的总结，考虑到改革追随者受到变本加厉的迫害。然而，事实上它是在早期宗派化道路上迈出的重要一步。加尔文原本和布塞尔一样，努力阻止在路德新教之外出现一个独立的改革教会。他不仅在《要义》第一版中赞同路德，而且稍后也赞同布塞尔在圣餐教义上的调和性观点。直到五十年代初，所谓纯正路德宗——那些装作路德真正弟子和继承者的人——的猛烈攻击，才导致他与路德圣餐教义划清界限。争论的起点是1549年加尔文与布林格在苏黎世达成的"合一信条"。尽管在圣餐教义、预定论及教会纪律的理解上仍存在明显分歧，两人都看到有必要达成这样的协议。在对抗皇帝的施马尔卡登战争遭到惨败后，新教受到严重威胁，1547年又面临法国统治的变化，加尔文特别害怕出现最坏的情况。从"合一信条"的表述中明显能看出加尔文向茨温利和苏黎世的圣餐教义靠拢。这导致汉堡路德宗的约阿希姆·韦斯特法尔发起激烈抨击，指责加尔文同茨温利一样是圣礼否定者。

伦敦难民社区的领袖约翰内斯·阿·拉斯科让人印制了《合一信条》。在安特卫普，文本引发的争论导致倾向于路德的教徒请求帮助，而韦斯特法尔为他们提供了舆论上的支持。加尔文在长时间的犹豫后，才于1554年以《捍卫健全而正统的圣礼教义》作答，该文于1555年在日内瓦和苏黎世付印。除了对他的圣餐教义的诽谤，还有一个原因是，在"血腥玛丽"掌权后，拉斯科不得不同他的教民离开英格兰，却不被德意志北部信奉路德宗的地区接受，尽管当时正逢严寒的冬季。

加尔文坚决地为自己辩护，否认把圣餐作为纯粹象行为来理解的指控，宣称自己的教义与《奥格斯堡信纲》保持一致。令他失望的是，梅兰希顿因其他原因已然身陷来自所谓纯正路德宗的批评战火，对他的支持有所保留。在第二次圣餐争论中，加尔文又写了两篇文章反驳韦斯特法尔的持续攻击。1559年这场争论在海德堡继续进行。路德宗总牧师、神学教授蒂勒曼·赫舒修斯尖锐批评选帝侯"虔敬的"腓特烈在宗教改革上的努力。在质问时，他非常明确地表示，他不可能和加尔文、布林格同领圣餐。当好斗的赫舒修斯在1560年出版的宣传小册子中就此说明理由时，加尔文感到自己不得不进行回应。1561年，他再次详细阐释了自己的圣餐礼观点，既反对一种纯粹象征性的理解，也反对基督的身体和血的空间包涵。

疾病和死亡

1555年后,加尔文有十年左右的时间在日内瓦及其之外的很多地方较为顺利并卓有成效地推动他的宗教改革事业。这些年也是他著述最丰的时期。1559年和1560年他用法文和拉丁文完成了《要义》的最终版。他特别将大量内容丰富的圣经注释书付印:前三部福音书(1555),《诗篇》(1557),《何西阿书》(1557),《以赛亚书》(1559),十二小先知书(1559),《但以理书》(1561),《耶利米书》(1563),《耶利米哀歌》(1563),摩西五经(1564),《约书亚记》(1564)和最后的《以西结书》(1565)。

加尔文学生雅克·布尔古安在课堂上的手绘,约为 1563/1564 年(日内瓦图书馆)

但他的晚年也被长时间的、恶化的病情投下阴影。除了偏头痛、痔疮和风湿性疾病这些折磨了他一生的问题外，还有急性发作的疾病。1555年，侧胸剧痛的他被诊断患有胸膜炎。1558年9月他病倒，卧床达数月之久，既不能教学，也不能布道，甚至暂停了在教会监理会中的工作。1558年11月中旬至1559年1月中旬，他甚至没写过一封信。他进食甚少，不断遭受剧烈头痛的折磨。尽管如此，拖着病躯的他还是完成了可观的工作。似乎正是长期卧床不起为他对《要义》进行大规模的和最终的修订提供了条件。

1559年12月24日他在布道时突然失声，接着第二天开始吐血，以致人们认为他患上肺结核。1561年他患上痛风，1563年春又遭受严重的肾绞痛或膀胱绞痛。他吃力地回复信件：

先生，您的两封信到来时我的情况如此糟糕，以至于我没法早点回复您，现在我也不知道我能否完成，因为这疼痛，或者更确切地说，这令人绝望的酷刑，不肯放过我。

直到两周后的6月1日，他才感觉慢慢好转：

……我被一种疼得出奇的绞痛折磨了十四天，以致感官和精神力量就像废了一样。现在虽说还没有摆脱这一邪恶，但已经开始减轻，让我有了会好一些的希望。

一个月后的1563年7月2日，他告诉布林格他取出了一个"差不多榛子大小的膀胱结石"。1564年5月27日，快满五十五岁的加尔文在晚间去世；按贝扎的说法，他走得很安详，直到最后时刻头脑都很清醒。而就在5月19日星期五，他还邀请牧师们在周会后到他家用晚餐，并跟他们道别。

第十四章

改革著作及其世界影响

如果想把握加尔文宗教改革著作的独特之处,首先得考虑前文已勾勒的早期印记和影响。此外,还得注意他面临的那些特别挑战。在追问其改革著作的独特性时,等于也在回答这位改革者为何具有非凡的影响,这两个问题是紧密相连的。

具有人文主义精神的神学

加尔文是在人文主义改革运动的背景中开始接受路德的著作的。起初他在其中并未看到对立。相反,路德的宗教改革思想在他看来,是对人文主义改革家的关切的一贯延续。正是由于自己来自人文主义运动,他后来也更清晰地与之划清界限。他同那些被他称为"尼哥底母主义者"的改革者作斗争,他们试图在罗马天主教的体制内有所作为,而加尔文认为这种努力本身是徒劳和危险的,对于教皇统治的受害者而言是残忍的,并终归是对上帝话语的违抗。在预定论这个权衡人的道德可能性的问题上，他也划清了界限。不过与此同时终其一生，他的神学研究路径基本上都带着人文主义改革运动的烙印。

加尔文总是一再强调，所有神学言语的出发点、内容和标准都是上帝的话语。上帝对我们说话，一切皆须以此为方向。相应地，不管在布道坛还是在讲坛上，他工作的大部分都是解经。他对自己作为宗教改革家和神学家的理解就是尽量做忠实的、内行的解经者。对这位受过人文主义训练的人而言，这不仅意味着听从圣经，而且要努力通过一切方法和手段去理解它。首先得掌握经文撰写时使用的原语言——希腊语和希伯来语，但也要疏解圣经的修辞，使之产生丰富的益处。

在人文主义者重新发现的西塞罗和昆体良的古典修辞学的影响下，他认为神学家的任务在于，使语言手段及其不同目的——教导、感化、警告、安慰、论战的划界等——在教学和布道中结出丰硕成果。加尔文利用修辞学模式（教导／感化），将信仰解释为上帝劝解或说服的结果。圣经主要用于教导；圣灵则感化内心。

加尔文同时强调圣经的修辞和神圣雄辩的特点。圣经雄辩术的重要范畴是"至高"（maiestas）和"俯就"（accommodatio）概念。这些概念得自圣经关于上帝通过修辞与人交流过程的描述。为了被理解，超出所有人类理解能力的上帝不得不俯就有罪世人的贫瘠。天上的教导在由人所写的圣经经文中被宣告，而传道人必须使之在当下被听到。布道在加尔文看来是上帝的生动言语,在其中"我们的主基督耶稣进行他的牧养事工"。

和人文主义运动一道,加尔文十分鲜明地驳斥经院神学非圣经的、脱离生活的思辨。这种对神学形塑生活的力量的人文主义式兴趣走得如此之远,以至他对"神学"一词本身都持批评态度。在差不多一千页篇幅的《要义》最终版的德语译本中,"神学"一词只出现了五次,而且多半是贬义。在1536年第一版卷首致法国国王的前言中,他以此来称谓对手的教义,这些人终其一生仅致力于

> 将圣经简单的字词卷入无休止的反命题和诡辩中,给其戴上枷锁。如果今天教父从坟墓中起来,听到这种杂耍似的话语(这些人称之为思辨神学),他们肯定不会认为这谈论的是上帝。

加尔文将其基督教教义的总结称为"基督徒敬虔生活指南"①并非偶然。"敬虔"这一概念在标题中就已经表明,这并非关于上帝的思辨,而是关乎上帝与人的关系。因此该著作也以纲领性表述——不能认识自我就无法认知上帝——开篇。布塞尔和同样受人文主义影响的梅兰希顿已在此预设了方向。1521年梅兰希顿在他的基督教教义阐释的导言中就强调,不应该讨论某些纯理论的教理,而应讨

---

① 对《基督教要义》书名的直译。

论拯救所必需的。"认识基督就是认识他的善行!"加尔文在梅兰希顿开辟的道路上坚定地继续走下去。

法学遗产

加尔文在法学学习中受到的影响与从人文主义那里受到的影响是重叠的。人文主义法学阐明的三个要求(参见前文),皆能在加尔文后来的神学作品中找到印证。与将罗马法放入历史语境中予以阐释相应的是,他毕生致力于以一种语文学的方式澄清圣经经文。与从基本思想和概念来理解罗马法相平行的是,他在不断修订的《要义》中对基督教教义基本思想的系统呈现。同样,人文主义法学对伦理的关注,也影响加尔文将伦理和教会秩序问题置于重要地位。

鉴于人的现实同上帝及其律法的至高之间的分离,加尔文将"俯就"作为圣经解释中的核心概念,相当于人文主义法学家将"衡平"(aequitas)置于法律解释的中心。追问法律的公平内涵对于人文主义法学至关重要。它的目标在于将一条法律规定的意义放在总体语境中去澄清。每项法则都应当根据特定情形加以解释,并在必要时从轻发落,以使其字面解释不会作为"峻法"(summum ius)在个案中导致不公。

此外,加尔文宗教改革工作的基本关切也受到其法学教育的影响。与路德的相比更具实证性的法律概念,对圣经塑造生活这一维度的兴趣，都表明了这点。他用受过法学训练的目光来描述造物主与造物之间的关系。主权概念和相应的上帝的至高统治权不是中世纪意义上最初所指的不受限制的审判权，而是早期现代国家学说意义上的，也包含立法权。上帝集国王、法官、立法者和救世主为一体。在路德看来，上帝的恩典问题至关重要，而加尔文的改革之路从根本上来讲，目的是恢复真正的上帝敬拜。加尔文将此作为他从罗马天主教转向宗教改革的最重要的原因。虽然强调圣灵的人文主义和保罗-约翰传统也起到了作用，但这种取向所特有的法学背景不可忽视。按照加尔文，第一诫的目的是：

神喜悦他的百姓视他为至高的神，并喜悦在万事上统治他们。为此，神吩咐我们远离一切不虔和迷信的罪，因这样的罪会窃取神的荣耀。同样，神命令我们以真实和热诚的敬虔敬拜和赞美他。神使用简单明了的言词清楚表达这含意。因为，我们不可能拥有神但是不同时接受属神的一切。

因信称义的教导不仅是为了信徒的拯救确信，尤其也为了正确对待上帝的荣耀，也就是说拯救仅为上帝一己之功。一旦将哪怕一丝一毫功劳归于人，就不可能不构成对上帝荣耀的剥夺。加尔文特别强调，罪人的称义是为上帝的荣耀和他公正的启示而服务，因此，炫耀自己的正义就是在剥夺上帝的荣耀。

在天命和预定论的教义上,加尔文更进一步明确了奥古斯丁的遗产。不仅拣选,遗弃也旨在增加上帝的荣耀。被遗弃者"因他以自己测不透的预旨兴起他们,要在他们的灭亡上彰显自己的荣耀"。

《要义》中指示伦理基本方向的措辞——"自我否定",是借助法律术语,并提及上帝对所有人类生命的权利来阐释的。人所有的行为应当以造物主对造物的生命权为指导。

> 律法的教导是显然的:既然神是我们的造物主,他就有权柄做我们的父和主;为此我们当将荣耀、敬畏和爱归给他;故而,我们无权随己意行事,而应当顺服神,在一切事上讨神喜悦。

有计划地使人们所有的行为以荣耀上帝为导向,成为加尔文以及后来的加尔文主义者强大的伦理冲动。只要聚焦于这个包罗万象的目标,无需依靠实质伦理的影响,就可以强化对人的要求。应对每个行为进行设计,使其服务于这个伟大的目标,造物和人类生命只是为了这个目标而存在。

印记:与路德、布塞尔一起回归保罗和奥古斯丁

加尔文早前曾被当作"路德派"遭到迫害,《要义》和

其他早期作品也参照了路德的改革著作。后来他甚至对路德表示感恩,并在新教内部就圣餐礼的理解发生争议时为路德辩解,只是在所谓的纯正路德宗对"合一信条"进行攻击后才开始疏远。很快就出现的宗派化,掩盖了加尔文对路德一直以来的亲近。

跟路德一样,保罗书信对加尔文理解圣经福音十分重要。此外,借助这位维滕堡宗教改革家,加尔文重新发现了奥古斯丁及其关于恩典和预定的教义。自斯特拉斯堡岁月(1538—1541)以来,另一位对他产生重要影响的是布塞尔(见前面第八章)。加尔文不仅在敬拜的组织、礼仪、教会纪律以及新教内部的调和等问题上追随他,在对待神学基本教义上也如此。

对路德而言,正确区分律法和福音至关重要。真正的神学正是建立在律法与福音不被混淆,且被切实加以区别的基础之上。撇开维护公义和秩序的政治作用不谈,律法的任务在于让人坚信自己的罪恶,进而作好准备,期待来自上帝的恩典。这个定罪的功用对路德而言是律法至关重要的用途,即律法的神学功用。与此形成对比的是,加尔文从居留斯特拉斯堡期间完成第二版《要义》开始,就和布塞尔一样强调律法在重生者的生活中的指导功用。"第三种功用,也是最重要的功用,着眼于律法的实际目标,针对圣灵已驻其心的信徒。"他的改革主张——与路德及其宗教改革不同,没有停留于教义改革,而是要进行生活改革——在此找到了重要的神学理由。

布塞尔对加尔文影响的另一个重点内容，同时也是后期改革神学一个典型特征，即强调《旧约》和《新约》的统一。布塞尔在斯特拉斯堡和黑森与再洗礼派争论时，与苏黎世的茨温利和海因里希·布林格相似，强调新旧约的延续性。布塞尔反对再洗礼派认为只有成年人才能有意识地信仰，因此应该在成年受洗的观点，强调作为新约圣礼的洗礼同作为旧约象征的割礼之间的延续性。既然割礼很明显是对新生儿施行，那么孩童受洗在神学上也就有充分根据。加尔文将布塞尔的相应论述尽可能纳入1539年的《要义》修订版中。同布塞尔一样，他认为新旧约的区别不是根本的，而是相对的。

也许布塞尔与加尔文在神学上最根本的共同点是对拣选和圣灵的兴趣。路德在他1525年反驳伊拉斯谟的文章《论意志的捆绑》中持如下观点：所有的人类救赎取决于上帝的预定，而不取决于人类的任何参与。然而与此同时，他拒绝在这上面作任何进一步的思考。相反，他敦促人遵循圣经话语的应许，它对虔信者都是有效的。

布塞尔在此和之后的加尔文一样，走上了不一样的路。从《以弗所书》和《罗马书》的经文出发，且受到奥古斯丁影响，两人都强调上帝的拣选。这与圣灵的工作一起，成为人被救赎的起点。布道并没有像在路德那里一样处于中心地位；路德在此几乎是把人的言语看作上帝话语的化身，因此当信仰者把握了宣告的话语并接受其对于自身的有效，救赎也就开始了。与路德不同，布塞尔和加尔文强调,信仰也可不经布道,仅由圣灵引导而产生。

我们可以将布塞尔和加尔文对圣灵的隐秘工作的兴趣,看作他们著作中共同的人文主义遗产。然而在预定论和天命论上,布塞尔很有可能对加尔文产生了影响。因为相应的章节正好在1539年斯特拉斯堡的《要义》修订版中第一次出现。

上帝的威严和与基督的交通

分析加尔文著作在形成过程中受到的影响,可以让人更清楚地看到其神学的深层次结构。它真正的力量植根于传统和历史中两种不同的基本走向之间充满张力的共处。一方面,他强调上帝超越人类理解力并与一切造物相对立的威严。另一方面,基督教存在的核心——信仰的内容和形式——是与基督的亲密交通。1559年,加尔文在世时最后一次出版的《要义》拉丁文版的结构设计,展示了其神学两极之间建设性的张力。在四卷本《要义》的第一卷,加尔文一开篇便描述了上帝超越全人类理解力的伟大,以及上帝对造物的生命及其全部预定行为的所有权。他将人的罪恶的可怜体验和人类现实的偶然——作为流亡者的他对此的感受极其敏锐——作为背景,让自己的描述更加令人印象深刻。

但加尔文并非讨论一个抽象的上帝概念,而是在第二卷中紧紧地围绕着——按照圣经经文所说——向我们具象化为基督耶稣的上帝（俯就）。至关重要的是，加尔文在此并未止于阐释基督的工作，而是将所有重点放在成为基督恩典的一部分，即与基督联合（unio cum Christo）。《要义》的后两卷，篇幅超过第一卷和第二卷几倍，将信仰设想为圣灵作用下的与基督的交通，并以此为出发点在不同的维度详加阐释。第三卷论及我们分享基督恩典的方式及成果。第四卷是关于"上帝帮助我们与基督交通的外在方式"。加尔文明确论述：

> 因此，元首和肢体彼此的联合，就是基督居住在我们心中——这神秘的联合对基督徒而言是极为重要的事，因为我们一旦拥有基督，就享有神所赐予基督的恩赐。

> 基督并不在我们之外，而是居住在我们心中。他不但以某种无法分离的交通使我们专靠他，也以这奇妙的交通使我们一天比一天更与他成为一体，直到他完全与我们合而为一。

与基督联合——其发动者是圣灵，形式与表现在人这一方面看是信仰——构建了《要义》之后论述的起点。几乎所有其他教义论述都可以追溯到在信仰中发生的与基督的交通。以类似的方式，他在竭力调解新教内部关于圣餐的争议时，把与基督的交通称作圣餐原本的结果。

正因为加尔文强调超越人类一切理解的上帝威严，与基督的隐秘联合就显得更加不可思议。《要义》的目标和重点不是简单的基督学，而是以圣灵影响下的基督联合为顶点的救赎，这一事实不仅再次展示了加尔文神学中的人文主义烙印，而且将加尔文与路德极有力地联系在一起。自《要义》第一版以来，加尔文一直遵循路德在其早期纲领性文章《论基督徒的自由》中发展的基本观点。不久后开始的宗派化由于聚焦新教内部的教义争议而遮盖了这一事实，后者直至20世纪才重新受到关注。加尔文以路德的学生自居，在路德的关切面临新的挑战时，作了进一步独立思考。这就是与基督隐秘的联合，它给了这位一生都感觉自己的著作和人身受到极大威胁的流亡者以支持。考虑到上帝概念一贯发展的逻辑，及其对可畏的上帝威严的强调，这个决定性的反极能给他带来慰藉。

在将信仰理解为圣灵影响下的与基督的交通时，加尔文相对路德更少关心称义。他不像路德那样害怕即将出现的罚入地狱——这种害怕主导了中世纪的虔诚，而更看重在面对一个变化莫测的世界时，谦恭地、完全地信任上帝的天命。逃亡让加尔文对此尤其留心。在这里也许可以找到加尔文神学在现代开端的危机中具有巨大吸引力的原因之一。

传播路线

加尔文著作的印刷数量很能说明他的思想影响史。

至少从1940年代开始,加尔文是16世纪末以前的新教代表人物中著作印刷最频繁的——在1930年代还是布林格。1940年代加尔文的著作共有九十三版付印,1950年代达一百一十七版,1960年代甚至有一百三十四版之多。早期印刷史也揭示了加尔文思想传播的区域重点。与一百五十二种有国际影响力的拉丁文版本相当的是二百零九种主要印刷于五六十年代的法语版。英语版和德语版差了一大截,分别是六十七种和二十九种。作为小语种,荷兰语版有十五种,数量已经相当可观。再往下是在天主教反宗教改革前夕出版的十一种意大利语版,以及两种西班牙语版、两种捷克语版和一种波兰语版。

除开印刷品之外,持续而内容丰富的书信往来在加尔文宗教改革的传播中扮演了重要角色。早在1575年,他的继任者就将收集到的四百封加尔文书信付印,其中一半写给法国人,其他的则写给瑞士人、德意志人、波兰人、英格兰人、意大利人和欧洲其他民族的成员。今天,大约还有一千三百七十封加尔文书信存世。

加尔文去世后,受他教义影响的新教迅速传播开来。在接下来的五十年里,没有哪一个正在形成的宗派,能获得类似快速且广泛的成功。就是在与新教路德宗的竞争中,加尔文改革宗也被证明占了"上风"。首先,加尔文的思想在其家乡法国具有影响力;日内瓦学院及加尔文的继任者贝扎则尤其确保了他们在那里的持续影响力。虽然1598年的南特敕令使法国的新教徒得到一定的容忍,但持续的迫害和路易十四于1685年取消南特敕令,导致新教徒史无前例地如"出埃及记"一样离开。这又反过来大大地促进了加尔文思想向英格兰、荷兰、德意志和北美的传播。

然而,在早期的传播地区中,首先要提及苏格兰。在这里活动的是约翰·诺克斯,一位具有非凡精力的宗教改革家,曾在日内瓦跟随加尔文学习。1560年按照加尔文精神撰写的《苏格兰信纲》得以通过,1592年国王和议会承认了符合日内瓦指导方针的治会章程。在荷兰,打上加尔文思想烙印的宗教改革运动与反对西班牙统治的独立斗争紧密结合在一起。正是在遭受迫害的情形下,加尔文对教会独立于国家的强调,以及以塑造世界为取向的神学,才显示出强大的力量,以致荷兰在几十年间发展成为欧洲的加尔文主义中心。当荷兰北部于1608年获得暂时独立时,以加尔文主义为取向的新教成为其国教。1618年11月至1619年5月,国际参会者比例较高的荷兰新教教区公会议在多德雷赫特召开,这是加尔文主义形成和传播的重要日期。因为在这里,两派——一派拥护经过人文主义道德修正过的预定论,一派追随基于上帝的永恒旨意、包含永蒙保守的预定概念——之间的争论以后者胜出而告终。

自1560年代以来,德意志神圣罗马帝国的普法尔茨成了加尔文改革宗早期的重要中心。选帝侯腓特烈三世于1563年让梅兰希顿的学生扎哈里亚斯·乌尔西努斯编撰《海德堡基督教教义问答手册》,这成为在德意志占支配地位的"菲利普加尔文主义"的重要文献。它以深受菲利普·梅兰希顿影响，尤其是在圣餐教义和预定论上缓和与路德宗的矛盾而著称。乌尔西努斯和加尔文的学生卡斯帕·奥勒维安通过在海德堡反对苏黎世立场的代表们，尤其是托马斯·埃拉斯图斯，来让自己的主张得到认同。在拿骚伯爵1584年于赫博恩建立的高级中学里，约翰内斯·皮斯卡托尔以按照加尔文精神完成的圣经注释和圣经翻译而闻名。除他之外，法学家约翰内斯·阿尔特胡修斯试图按照加尔文精神发展出一种政治理论和法律学说。约翰·海因里希·阿尔施泰德的百科全书式著作有着深远的影响。在莱茵河下游、东弗里斯兰、黑森-卡塞尔、安哈尔特、利珀和布兰登堡，加尔文主义也取得了胜利。然而，加尔文神学在信奉路德宗的萨克森的传播，即所谓的秘密加尔文主义，在遭到好几次迫害浪潮后结束。1613年当勃兰登堡选帝侯约翰·西吉斯蒙德改宗加尔文新教时，他已不能如1555年《奥格斯堡和约》中规定的，强迫他领土上的民众改变认信。大部分民众依然信奉路德宗。很长时间里加尔文主义在勃兰登堡只是一个精英现象。

以苏格兰、日内瓦、荷兰为出发点，加尔文的思想在英格兰以清教主义的形式广泛传播。清教徒在英格兰圣公会内自成一派，自1558年起对伊丽莎白一世统治时期（1533—1603）的温和宗教改革持批判态度。本着加尔文主义的精神，托马斯·卡特怀特要求以圣经模范为导向、由长老会议来治理教会。威廉·珀金斯继续将加尔文对生活改革的关切，发展以圣经为导向的遵循良心实践。1640

年代，清教徒掌控威斯敏斯特议会（1643—1649），通过《威斯敏斯特信纲》。相较有节制的长老会，护国公奥利弗·克伦威尔更倾向于激进的公理宗。在查理二世复辟时期（1660—1685），长老会和公理宗信徒大部分迁往北美。依据1620年建立马萨诸塞的清教徒前辈移民的说法，其实在那之前就已有许多清教徒因迫害的威胁而逃离。他们和荷兰逃亡者以及爱尔兰-苏格兰拓荒者，为北美民主的形成打上烙印。加尔文思想也经由他们在非加尔文教派（如再洗礼派）信徒中产生影响。

文化影响

受加尔文（共同）影响的新教是一种非常多元的现象。加尔文改革形式的近乎独特之处在于，它能在完全不同的环境下获得塑造力。除了由诸侯推动的宗教改革，同时还有难民社群的，他们发展出与世俗当局不一样或相反的教义和生活方式。在两种情势下，不管是当局推动的，还是难民社群推动的宗教改革，加尔文教义都能起到建设性的作用。经典的加尔文主义——通过五大特征定义：人的全然败坏、无条件的拣选、有限的救赎、不可抗拒的恩典、圣徒永蒙保守——只是加尔义宗教改革事业影响史的一部分。

加尔文学说的文化史影响与路德的在很大程度上是一致的。独特之处不应过高评价。旧的宗派主义阐释以及马克斯·韦伯和恩斯特·特洛尔奇的社会学著作便是如此，它们以有塑造事物的意愿、对权力持批评态度的加尔文反衬仅仅以内省为取向、政治上被动或顺从权力的路德。与之相反，现代的新教宗派研究强调早期现代三大宗派——路德宗、改革宗和遵循特伦托公会议教条的天主教——在结构上的共同点。

与路德一样，加尔文强调世俗当局的统治权利，只在非常有限的情况下才允许臣民的反抗权。特别因为受到布塞尔启发，加尔文比路德更加详细地讨论了下级官员的反抗权。他的继任者之后面对法国和西属荷兰发生的迫害，发展出更为深远的理论，对反抗权进行辩护。然而，加尔文的学生也强调世俗当局有权利反对教皇的权力主张，其强烈程度并不亚于路德宗。路德和加尔文的反抗权辩护理论的根本区别在于，前者更多是一个神学家从启示论的视野来论述，后者则是从法学家或有法学素养的作者的角度。早在17世纪就有作者（如赫尔曼·康林和萨穆埃尔·普芬多夫）将加尔文主义贴上对当权者持批判态度和有反叛趋势的标签，对此可作如下解释：1572年新教徒大屠杀后，在起义反抗西班牙在荷兰的统治的背景中，帝国内才出现了将加尔文改革宗的生活见解主要视为反抗君主的文献。

加尔文神学的好些基本规定对民主有促进作用。它不仅对普通民众，也对国家权力持有者强调罪的力量，这就会要求控制后者的权力。强调上帝的主权和自由就必然限制世俗统治的主权。以长老会议作为教会的治理机构，从一开始就是加尔文改革宗的独特之处，为代议制民主制度的发展提供了模板。与北美宗教改革左翼（唯灵论者）后裔的接触，使得在加尔文及其早期追随者那里被相当边缘化的宽容思想壮大。

加尔文是在经济繁荣的背景中阐述他的神学和伦理学的。正因如此，早期工业制造、贸易和货币经济的问题是以一种特别的方式来解决的，即从上帝的律法（禁止偷窃）出发。教会法禁止收取利息的规定被取消，尽管在实践中，要严格按照公正和爱的标准对其进行管制。马克斯·韦伯将"资本主义精神"追溯到加尔文主义特有的内心禁欲主义和与预定论相关的追求，即在经济成功中发现拣选的征兆和确定性。然而，他所援引的证据来自17世纪和18世纪的英美清教徒（理查德·巴克斯特、本杰明·富兰克林），当时加尔文主义已经跟其他思潮混融。尽管如此，加尔文主义的原则的确促进了资本主义经济形式的传播。全部生活以正确地敬拜上帝和增加造物主的荣耀为导向，决定了信徒必须坚持内心禁欲主义，在塑造生活时进行有计划的组织和训练。

和路德一样，加尔文也对克服中世纪优待属灵阶层、贬低世俗阶层的现象作出了决定性的贡献。世俗职业也被理解为敬拜，并不输于任何属灵的功课。加尔文的反教权主义甚至比路德的还旗帜鲜明。除了加尔文的个性外，尖锐的对抗局势也起了一定的作用，西欧的宗教改革就是在这种对抗中出现的。

加尔文受过法学训练，受到人文主义影响，始终强调上帝相对于世界的他者性、超越性。基于此，以圣经为根据形成的对上帝的属灵崇拜是合适的。不论是将世俗拔高为宗教的迷信，还是将上帝与尘世混为一谈，加尔文都坚决予以反对。他和他的继任者认为，路德关于基督以肉身临在于圣餐中的教义以及对画像禁令的松懈，违背了圣经中相关的上帝言说。而他们自己又被路德宗神学家指责为理性主义。但正是在言说上帝和应对世界时的高度理性，让加尔文的宗教改革在早期现代特别吸引精英分子。这点在法学家身上尤为明显；他们在16世纪取代神职人员成为主要知识分子，并在早期现代主权国家的形成中扮演至关重要的角色。例如在普法尔茨转向加尔文改革宗的过程中，可以看到许多受过良好教育的年轻法学家在那里推动这一发展。加尔文神学——与梅兰希顿神学相仿——回应了在职业工作中实践的理性，反过来又促进了理性对待世界的心态。如果把成为受教育的人与成为加尔文主义者等同起来，这绝非偶然，反而很有代表性。

加尔文宗教改革的另一重要特征，是将重心放在塑造生活、教会治理和教会纪律之上。加尔文和改革宗的要求，总的来说就是继续路德开启的改革。在教义的改革之后应该接着进行生活的改革。加尔文借助自己受过法学教育这一得天独厚的条件来坚持不渝地实施这一计划。他的整个人格都朝着这个方向努力，拒绝犯任何诉诸中庸的谬误。"当前的生活注定是要斗争的。"加尔文有一次在给他的朋友法雷尔的信中就日内瓦反抗如此写道。加尔文卓越的塑造意志和受他影响的新教在此找到神学上的解释依据，即法律在基督徒生活中的指导性应用被视为最重要。在路德教派眼中危险的法制和现代化倾向，在16世纪和17世纪危机四伏的变革中显示出特别的活力。现代之初，没有哪个宗派会像加尔文宗这样，对塑造和规范的需求予以即时回应。

加尔文宗教改革的塑造意志所产生的影响，从文化史角度看，存在着问题。通过生活改革来延续教义改革的要求在现代之初富有吸引力并卓有成效，但这意味着一种完全以宗教为依据的特定的生活方式。个人的行为以及教会的运作机制必须直接依据宗教的（所谓圣经的）规范或信纲。个体的良心抉择在一个人的生活塑造上几乎没有空间。再加上加尔文在持续的受威胁感的饲养下为教义的纯正与合一而战，其文化史后果可能是思想上的不宽容。如果将加尔文同《旧约》中的先祖形象等同起来，这一点则更明显。同时，受迫害的经历和争取对自己宗教观点的宽容，从一开始就属于加尔文改革的一部分。加尔文的改革事业始于逃离迫害，因为信仰，他的余生一直是个被流放者。施行清除异己政策的奥利弗·克伦威尔，跟在北美追求良心自由和宗教自由，并将自由赋予他人的清教徒，同属加尔文宗教改革的文化影响史。

结　语

影响力巨大的原因

加尔文的宗教改革努力之所以产生令人惊奇的影响，有各种原因：

第一，高强度的塑造意志和力量是加尔文改革工作的特征。以神学依据努力改革生活，符合时代精神以及一个剧变中的世界对规范的需求。

第二，应强调加尔文神学对不同宗派的整合能力。沿着布塞尔的足迹，加尔文尤其兼顾了路德宗和改革宗的关切点。因此他能如同梅兰希顿一样，成功整合多元的宗教改革运动，甚至包括有再洗礼派倾向的教徒。

第二，加尔文成功地将圣经福音带到同时代的顶点。路德已然在其修士生活和中世纪晚期虔敬审判的背景下，指明因信称义的福音。对加尔文而言，构成人的真正困境的并不主要是原罪以及之后在最终审判中被判入地狱的惩罚。他看到的更多是方向的迷失，在时代风暴中的动荡沉浮，以及肉欲力量的奴役。圣经的救赎福音因此具象为天命、拣选和在世界摆布之下的照管。他的流亡者和异乡人身份——也是他身边牧师们的共同命运——是另一种在很多方面比路德更"现代"的经验视野。

加尔文在《旧约》的大卫这个被召离羊群而成为以色列民族领袖的人，或者摩西这个在带领民族穿越沙漠时受尽了他们的不顺服的人那里，找到了自己生活的注解。他知道如何赋予以色列信仰故事的所有高潮和低潮以现实意义。在《诗篇》中他发现了对当前生活中所有困苦的注解及表达。

在一个危机四伏的时代，迷失方向愈发被视为严重的威胁，加尔文的著作便成了受欢迎的导航帮助。但它们也是直接的安慰。尤其是因为这点，它们的影响力超出了神学家的圈子，进入大众读者的世界。有证据证明，法国新教徒在抗争和受迫害时，聆听或阅读加尔文的布道就会倍感安慰。比如，海军上将科利尼，作为法国新教的领导人之一，据说每天都阅读加尔文关于《约伯记》的布道词。这些布道词不仅涉及伦理问题，还深入讨论了信仰和辩驳的问题。

最后，第四点，充满张力的结合可以解释加尔文教义对早期现代精英的吸引力：一方面是经过深思熟虑的、逻辑一致的上帝概念，一方面是朝向同基督隐秘联合的内在敬虔。

加尔文关于上帝的话语符合新精英的反教权精神，而又予以超越。因此,加尔文在《约伯记》的布道中一再宣传,自然秩序应当作为上帝行动的舞台来理解。加尔文惊讶地观察到造物的精确性和恒星轨道的规律性,在其中发现了这位缔造者的暗示。但同时他也警告,不应忘记人的认识的有限。如果一个人投入他所有的能力来认识上帝,想用尽全力荣耀他,将只能曲解和贬低上帝。

比起将他的伟大和权能包含在我们的理智之中,我们还有更糟糕的侮辱上帝的方式吗?这比一个人力图将大海和大地抓在手中或者夹在两指间还要过分。这甚至更自负,因为天空和大地远远不如内在于上帝的正义、力量、智慧和仁慈伟大——前者仅仅是微不足道的踪迹。

加尔文没有走向无信仰的理性主义,而是将目光对准隐秘的基督联合这一救赎通道。这一联合在信仰中成为现实,其特殊性正在于其是理性的上帝概念的对极,后者将上帝推至人不可及的远方。1555年8月8日,加尔文写信给一个神学家朋友:

我曾答应你,要给你写信讨论我们对基督的神秘分享,但我将无法完全履诺;因为尽管这个问题非常重要,但我认为我们可以用简单的几句话就讲清楚。上帝之子接纳我们的肉体,以成为我们的兄弟,同我们分享同样的本性,这个分享我就不用再跟你说了。因为只有通过从他神圣的庄严中流出的分享,我们才得以呼吸到生命,并与他在同一身体中共同生长……这是如何发生的,我得承认,远远超出我的理解范围。所以我更多地感受这一秘密,而非努力去理解它。我只知道,通过圣灵的神力,生命从天上流到地上……

时 间 表

1509年7月10日	出生于努瓦永
1515年	母亲去世
1521年3月	路德著作遭索邦批判
1521年春	十二岁时接受第一份有俸圣职
1523年至1527/1528年	在巴黎马尔什学院和蒙太古学院进行基础学习
自1524年起	将路德著作翻译为法语
1528年至1529年	在奥尔良学习法律
1529年夏至1530年	在布尔日学习法律
1531年5月26日	父亲去世
1531年至1533年	在奥尔良和巴黎的大学学习
1532年	注释塞涅卡《论怜悯》
1532年至1533年	转向宗教改革

1533年11月1日	尼古拉·科普发表院长就职演讲
1533/1534年冬	逃离巴黎
1533年至1534年	在昂古莱姆和巴黎居住
1534年5月	在努瓦永居住
1534年10月17/18日	告示事件
1534年至1536年	在巴塞尔居住（其间有中断）
1535年1月29日	弗朗索瓦一世反宗教改革信徒诏书
1535年8月	撰写《基督教要义》前言
1535年	为奥利韦唐的《圣经》法译本撰写前言
1536年3月	《基督教要义》出版
1536年春	费拉拉公爵领地之旅
1536年5月21日	日内瓦公民集会赞同宗教改革
1536年7月	在日内瓦居住
1536年秋	开始在日内瓦讲授圣经
1536/1537年	和纪尧姆·法雷尔撰写《信仰指导与声明》
1537年	反驳皮埃尔·卡罗利的攻击
1537年	哥哥夏尔去世
1538年4月23日	与牧师埃利·科尔罗和纪尧姆·法雷尔被迫离开日内瓦

1538年夏	在巴塞尔居住
1538年9月	开始在法国难民社区任牧师,在斯特拉斯堡学院任教师
1539年	《基督教要义》新版面世;回复红衣主教萨多莱托
1540年6月至7月	出席哈根瑙宗教会议
1540年10月28日至1541年1月18日	参与沃尔姆斯宗教会议
1541年4月27日	参与雷根斯堡宗教会议开幕
1541年8月	与依蒂丽·范布伦结成夫妇
1541年9月13日	回日内瓦重新开始工作
1541年9月至11月	日内瓦讨论和通过治会章程
1542/1545年	日内瓦教义问答手册(法语版和拉丁文版)出版
1543年	《论圣物》宣传小册子出版
1543年至1544年	与塞巴斯蒂安·卡斯泰利奥辩论
1543年至1545年	日内瓦发生鼠疫
1546年春	与日内瓦主要家族成员的冲突升级
1547年4月	新教在施马尔卡尔登战役中败北
1547年3月31日	国王弗朗索瓦一世(1515年至1547年在位)去世
1547年至1559年	法国国王亨利二世在位

1547年	"火焰法庭"设立
1547年7月26日	处决雅克·格吕埃
1549年3月	妻子依蒂丽去世
1549年	《合一信条》达成
1551年底	与耶罗尼米斯·博尔瑟争论预定论
1553年9月	与菲利伯·贝尔特利耶就教会礼仪的争论升级
1553年10月27日	米格尔·塞尔维特被判处火刑
1555年5月16日	骚乱和有利于加尔文的气氛变化
1559年	日内瓦学院成立
1559年	撰写《高卢信纲》
1564年5月27日	于日内瓦去世